성인 학습자를 위한

푸드아트테라피 워크북

성인 학습자를 위한

푸드아트테라피 워크북

FOOD ART THERAPY

이정연 · 오유미 · 조수진 공저

학지사

추천사

‘푸드아트테라피’는 우리 주변에 있는 다양한 푸드 매체를 활용하여 자신의 내면을 표현하고, 긍정적인 사고와 정서적 안정 및 전인적 성장을 도모하는 데 매우 효과적인 통합적 예술치료라고 할 수 있습니다.

푸드아트테라피는 언어로 표현하기 어려운 감정과 상처를 일상생활에서 친숙하고 손쉽게 접근할 수 있는 푸드를 매체로 하여, 자연주의 관점에서 진솔하게 표현하도록 하는 새로운 치료 장르로 2005년도에 개발되었으며, 다양한 상담 장면에서 널리 활용되고 있습니다.

이 책은 단순한 이론서가 아닌 상담 현장에서 체득한 이론과 임상적으로 효과가 입증된 실제가 통합된 푸드아트테라피의 지침서라고 볼 수 있습니다. 특히 푸드아트테라피를 처음 접하는 사람들에게도 쉽게 적용할 수 있도록 구성되어 있을 뿐만 아니라, 예술치료, 심리상담, 명상, 사회복지와 교육연수 등 다양한 현장에서 유용하게 활용될 수 있도록 실용성과 깊이를 갖춘 워크북입니다.

이 책에 수록되어 있는 프로그램은 ‘자신의 삶 돌아보기’, ‘생태 감수성 증진하기’, ‘창의성 증진하기’를 핵심 축으로 하여 구성되어 있고, 커피원두, 잡곡, 채소 등 일상에서 친숙한 재료들을 통해 삶의 궤적을 구성해 가는 등 내담자가 자신을 있는 그대로 탐색할 수 있도록 도와주며, 핵심적인 상징화, 자기성찰, 감정조절 과정을 촉진하는 데 매우 효과적입니다.

한국푸드아트테라피학회를 통하여 함께 성장해 온 회원들과 이 책의 결실을 같이 나누고자 워크북의 출간을 설레는 마음으로 기다립니다. 상담 영역이나 교육 분야는 물론 자기성찰과 건강한 삶을 원하는 모든 분께 이 책을 강력 추천합니다.

2025년 6월

교육학 박사 김경순

현 제주국제명상센터 부이사장

전 한국푸드아트테라피학회장, 한국상담학회 초월영성상담학회장

책을 펴내며

푸드아트테라피를 개발한 지 20년이 되었다. 그동안 푸드예술심리상담사를 양성하여 개인상담과 집단상담의 형태로 교육청을 비롯한 다양한 기관과 지역센터에 다가갔던 푸드아트테라피는 심신의 안정과 웰니스를 증진하여 국민의 마음건강에 기여해 왔다. 이제는 시대의 흐름에 맞추어 성인학습자를 위한 대학 교재용 워크북을 제작하게 되어 한 단계 더 발전하는 계기를 마련하고자 한다.

우리 사회가 초고령사회로 진입하면서 성인 학습자들의 배움의 욕구가 젊은이들 못지않게 증가하고, 실제로 상담 분야에 진출하는 일이 많아지게 됨에 따라 이를 뒷받침하는 교육과 문화 그리고 상담이 어우러진 콘텐츠가 제공될 필요성이 높아졌다. 이에 한국푸드아트테라피학회의 전국 지부 중 전북지부 1급 회원인 오유미 장학사, 조수진 선생님과 함께 프로그램을 개발하고, 안산대학교와 전북특별자치도교육청에서 시범 운영해 본 결과 좋은 반응을 얻게 되어 워크북을 제작하게 되었으며, 푸드아트테라피 개발자로서 보람과 긍지를 가지게 되었다.

푸드아트테라피는 기존의 상담기법에 비해 놀이성과 창의성을 증진하는 많은 아이템을 지니고 있어 아동에서부터 노인에 이르기까지 몰입의 즐거움을 체험하고 자기효능감을 증진하는 효과를 보여 준다. 학회에서 발간하는 학술지를 통하여 그 효과성이 입증되고 있으며, 영양교사와 미술치료사, 가족상담전문가 등 다양한 분야의 전문가들이 푸드아트테라피를 접목하여 현장에서 활용하는 등 적용 영역이 더욱 확대되고 있다.

이 워크북은 푸드아트테라피 입문 과정으로서, 전문대학 이상의 수준에서 푸드아트테라피를 수강하고자 하는 성인 학습자들의 발달특성을 고려하여 체험 활동 위주로 구성되어 있다. 3학점 교양과정이나 전공필수 과정에 맞게 구성되었으며, 기본 푸드키트를 가지고 한 학기 수업이 가능하도록 재료를 구성하여 강사들에게도 재료 준비의 수고를 덜어 줄 수 있다는 점에서 편의성을 갖추고 있다. 또한 그동안 제작해 온 영상 콘텐츠도 보충하여 수업의 밀도를 높이고자 하였다. 더 나아가 식생활 교육도 겸하고 있어 지역사회 기관에서 학부모 교육용으로도 활용할 수 있다는 점에서 이 워크북이 두루 보급될 수 있다고 본다.

워크북의 앞부분은 이정연 소장이, 중간 부분은 오유미 장학사가, 마지막 부분은 조수진 선생님이 각자 구성하였고, 전체적인 방향성과 연결성을 고려하여 세 명의 연구자가 상호 검토하고 조언을 구하여 수정 · 보완해 나갔으며, 맞이하기와 마음결 고르기, 작품 활동, 마무리의 단계로 구조화하여 소집단 활동에 적합하도록 난이도를 조정하였다.

실제 수업을 하면서 작품활동에 참여하고 자료 제공에 동의해 주신 안산대학교 웰니스푸드테라피학과 학부생들과 전북교육청 영양교사 팀에게 감사를 표한다. 그분들의 진솔한 작품과 생생한 소감을 실어 워크북이 더욱 빛나게 되었으며, 강사와 수강생이 함께 성장하는 경험을 하게 된 점 역시 감사할 따름이다. 앞으로도 푸드아트테라피 관련 저서를 출간하면서 성원에 보답하고자 한다. 출판을 허락해 주신 학지사 김진환 사장님을 비롯한 관계자분들께도 감사를 드리며 한국푸드아트테라피학회 회원들과 오늘의 결실을 함께 나누고자 한다.

오금공원을 산책하며

이정연 배상

차례

추천사 _ 5

책을 펴내며 _ 6

PART I 푸드아트테라피의 이해

1. 한국인의 음식문화와 생활 철학 _ 12
2. 푸드아트테라피의 생명중심사상 _ 13
3. 푸드아트테라피의 생명중심 상담원리 _ 17

PART II 성인 학습자를 위한 푸드아트테라피

CHAPTER 01 자신의 삶 돌아보기 • 25

1회기 나의 살아온 이야기 _ 26

2회기 건강한 생활습관 _ 44

3회기 황금연못 _ 66

4회기 제3의 공간 아지트 _ 90

CHAPTER 02
생태 감수성 증진하기 • 107

1회기 자연주의 코디네이션 _ 108
2회기 꽃피는 섬마을 _ 128
3회기 커피 정원 _ 142
4회기 가을 소풍 _ 173

CHAPTER 03
창의성 증진하기 • 173

1회기 정겨운 이웃사촌 _ 174
2회기 동백꽃 필 무렵 _ 188
3회기 푸드 콘텐츠 _ 206
4회기 꽃길만 걸어요 _ 230

부록 1 … 푸드예술심리상담사 민간 자격등록증 _ 248
부록 2 … 인생수첩 _ 249
부록 3 … 전북특별자치도 학교 식생활관 맞이하기 _ 252
부록 4 … 지역사회 행사 맞이하기 상차림 _ 254

참고문헌 _ 255

PART

I

푸드아트테라피의 이해

1. 한국인의 음식문화와 생활 철학
2. 푸드아트테라피의 생명중심사상
3. 푸드아트테라피의 생명중심 상담원리

1. 한국인의 음식문화와 생활 철학

한국인은 식재료와 음식을 대할 때 단순히 영양분을 섭취하기 위한 수단으로 간주하지 않고 생명체로 여기는 경향이 있다. 그러한 생명존중 의식이 일상적인 음식문화에 나타난 대표적인 예로는 물활론적 사고, 신토불이(身土不二), 자연주의, 생명력의 섭취, 정성, 음양오행에 따른 상차림 등을 들 수 있다.

물활론적 사고는 모든 사물에 정령이 깃들어 있다는 원시적 종교로서의 모습을 지닌 사고로서, 흔히 아동들이 주변에 움직이는 물체를 모두 살아 있다고 믿는 사고방식이다. 한국인의 살림살이에서는 우주의 삼라만상을 인격화하고 생명체로 대하며 교감을 나누는 모습이 흔히 발견된다. 지금도 시골의 노인들이 텃밭에 상추며 쑥갓, 가지, 토마토를 '키우며', 아침이면 얼마나 자랐나 둘러보는 정겨운 모습은 이윤추구를 위해 기계적으로 재배하고 수확하는 산업자본주의 구조에서는 경험하기 힘든 물활론적인 생활세계를 보여 준다. 신토불이적 사고는 자신이 자란 지역에서 제철에 난 먹거리가 자신의 체질에 가장 적합하다고 보는 관점으로 인간과 식품의 하나 됨을 의미한다. 이러한 하나 됨은 신토불이에서 그치지 않고 물아일체(物我一體)와 천인합일(天人合一)의 경지까지 연결되는 일관된 관점이라고 할 수 있다.

한국인의 자연주의적 관점은 발효음식에서 가장 두드러지게 나타난다. '음식맛은 장맛'이라는 속담도 있듯이 한국 음식에서 빼 놓을 수 없는 식재료로 고추장, 된장, 간장 등의 장류를 들 수 있다. 이러한 발효음식의 경우, 식품 속의 미생물을 멸균처리하거나 사멸시키는 것이 아니라 다 같이 공존하면서 누룩곰팡이를 이용한 자연발효 음식저장기술을 개발한 것이다. 이러한 발효음식은 해로운 것, 이로운 것을 구분하여 제거하는 것이 아니라 자연의 순리대로 살고 다른 생명체들과 더불어 살면서도 환경여건과의 조화를 이루어 가장 적절한 생존 방식을 찾는 한국인의 생명존중의식이 깃들어 있다.

또한 한국인은 식재료에도 생명의 기(氣)가 있다고 보고 가장 맛있는 음식을 '기차게 맛있는' 음식이라고 표현한다. 한국 여성의 음식양생체험에 관한 연구(양진향, 2001)에 의하면, 참여자들은 천기(天氣)와 지기(地氣)를 제대로 받고 자란 생명의 氣는 뿌리, 줄기, 잎, 그리고 껍질에 모두 포함되어 있으므로 감자, 고구마, 과일 등을 껍질째 먹고, 무 같은 채소의 경우 뿌리, 줄기, 잎 등을 모두 먹는다고 응답하였는데, 이로 미루어 볼 때 한국 여성들은 음식을 먹는 것은 영양분만 섭취하는 것이 아니라 그 속에 들어 있는 자연의 생명력을 먹는 것으로 인식하는 경향을 보여 준다.

한국인은 '음식은 정성'이라는 생각을 가지고 있다. 다른 나라에 비해 시간과 정성, 그리고 노력이 많이 드는 조리과정을 거친다. 한국인의 정서는 음식 준비하는 것을 생명 살리는 공양으로 보고 정성을 다할 것을 강조한다. 그래서 '음식은 손맛'이라고 하는 표현도 정성이 들어간 정도에 따라 맛이 달라진다는 의미가 담겨 있다.

그리고 한국인의 음식문화에는 음양오행설이 깃들어 있다. 음양오행에 따른 상차림을 예로 들면, 조선왕조의 반상차림에서 음식의 성질을 고려하여 음과 양의 비율이 1:1이 되도록 하였고(김상보, 2006: 81), 그리고 약선(藥膳)에서도 예방의학적 차원에서 모든 식품이 지닌 한(寒) · 량(凉) · 평(平) · 온(溫) · 연(熱)의 성질을 고려하여 음양조화, 오미상생(五味相生), 오색상생(五色相生), 소의소기(所宜所忌), 이류보류(以類補類) 등에 초점을 두었다(김상보, 2006: 88-92). 동지에 팥죽을 먹는 것도 음양오행설과 관련이 있다. 자연의 계절상 음기가 가장 극에 달하면서도 양기가 시작되는 동짓날에 적색인 팥죽을 빌어 양기를 조장하고 음양의 다투는 기운을 안정시키는 것으로 해석되며(김상보, 2006: 86), 팥의 붉은색이 귀신을 쫓고 재앙을 면하게 한다고 여겨 대문이나 장독대에 뿌리고, 이사하거나 새집을 지었을 때에도 팥죽을 쑤어 집 안팎에 뿌리고, 이웃과 나누어 먹는 풍습이 있으며 병이 나면 팥죽을 쑤어 길에 뿌리기도 하였다고 한다.

이와 같이 한국인의 음식문화에는 자연현상의 변화에 따라 맞추어 살아가는 생활리듬을 가지고 생명체의 氣를 중시하는 생명존중의식이 스며들어 있으며, 서로 살리는 공동체 생활철학이 들어 있다(이정연, 2012).

2. 푸드아트테라피의 생명중심사상

푸드아트테라피(FAT)의 생명중심사상은 동양 사상의 일원론적이고 유기론적인 생태학적 세계관과 한국인의 전통 음식문화에 배어 있는 생명존중의식에 기초한 것으로, 생태계는 하나의 거대한 생명공동체이고 모든 생명체가 절대적인 생명가치를 가진다는 관점을 지향하며, 인간성 회복과 서로 살리는 공동체의식을 배양하는 데 궁극적인 치료목표를 두고 있다.

1) FAT의 네 가지 핵심 개념

인간은 본래 오염되지 않은 순수 자성(純粹 自性)의 상태로 태어난다. 인간의 의식에는 살아가는 데 필요한 인간의 도리를 알고 행동을 실천하는 맑고 밝고 따뜻한 에너지(明德)가 내재되어 있다.

FAT에서는 명덕의 총체를 심전(心田)으로 정의하며, 명덕(明德)을 확충하기 위한 심전훈련을 통하여 인간성 회복을 추구하고 생명중심의 살림운동을 전개하고자 한다.

FAT는 물리적 · 사회적 · 자연적 환경을 도구적 가치로 생각하는 인간중심적인 관점보다는 함께 순환하며 공존해야 하는 탈인간중심적인 관점을 취한다. 그러나 인간 역시 자연의 일부이므로 생태계의 순리에 맞추어 살아가는 생명중심적인 관점은 장기적으로 볼 때는 인간을 위하고 환경을 위하는 상생과 조화의 결과를 가져오게 된다.

FAT가 지향하는 생명중심사상은 다음과 같은 관점을 취한다.

첫째, 생태계는 하나의 거대한 생명공동체이다.

둘째, 모든 생명체는 상호의존적 체계를 유지하는 소중한 존재이다.

셋째, 모든 생명체는 절대적인 생명가치를 지닌다.

넷째, 모든 생명체는 자신의 존재를 보호하고 성장할 권리가 있다.

생명중심적인 관점을 지닌 FAT는 인간과 인간, 인간과 생태계와의 관계성을 회복하고 더불어 살아가기 위하여 다음 네 가지 개념을 핵심개념으로 삼는다.

첫째, '생명존중'의 개념이다. '생명존중'은 모든 생명체가 지닌 보편성을 근거로 하여 모든 생명체를 있는 그대로 맞이하고 받아들이는 '인간대접'을 의미한다.

둘째, '생명사랑'의 개념이다. '생명사랑'은 모든생명체에게 온정적인 관심을 가지고, 동질적인 유대감을 가지며 정성으로 대하는 '인심쓰기'를 의미한다.

셋째, '생명살림'의 개념이다. '생명살림'은 우선적으로 생명체를 살려 내는 데 초점을 두고, 생명체의 氣가 원활하게 운행되도록 지지하는 '기 살리기'를 의미한다.

넷째, '생명지킴'의 개념이다. '생명지킴'은 생태계의 파괴를 방지하고 보호하며 일상생활에서 서로 살피고 보살피는 '나눔과 챙김'을 의미한다.

2) 중용의 조절

FAT에서 생명중심적인 관점의 네 가지 핵심 개념을 풀어내려면 중용으로 조절하는 것을 필요로 한다([그림 1-1] 참조). 앞의 네 가지 개념이 '무엇'에 해당된다고 하면, 중용은 '어떻게'에 해당된다고 볼 수 있다. 중용 또한 일상생활에서 경험되는 포괄적인 이치이나 이를 제대로 적용하려면 중용에 대한 심도 있는 이해가 필요하다.

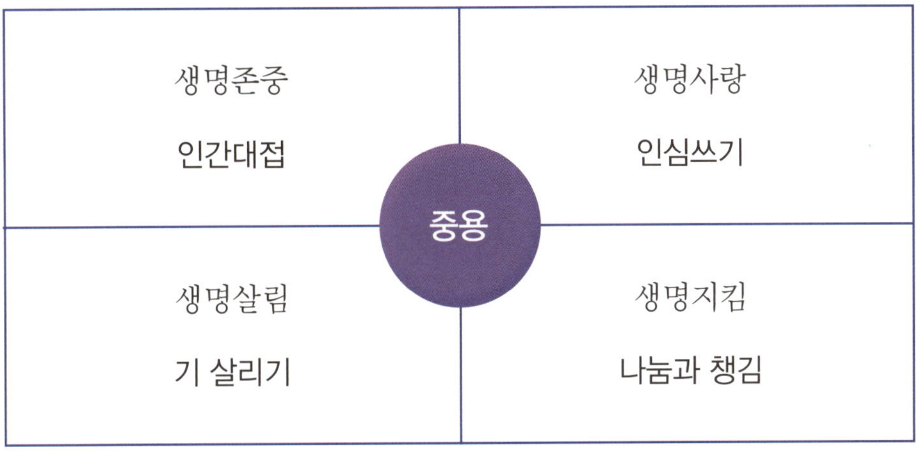

[그림 1-1] 생명중심의 네 가지 핵심개념

표 1-1 생명중심 FAT의 핵심개념

핵심 개념	푸드아트테라피 체험 활동의 예	활동 제목 및 내용
생명존중		"한 사람을 위한 식탁" 있는 그대로의 모습을 존중하고 정성껏 다과상을 차려 손님을 대접하는 활동임.
생명사랑		"소원을 말해 봐." 일과 가정을 병행하느라 에너지가 고갈되어 있는 내담자의 소원을 집단원들이 들어 주는 작품활동임.
생명살림		"소나무의 기상" 위축되어 있는 청소년에게 힘을 실어 주기 위해 소나무의 꺾이지 않는 기상을 표현하여 응원하는 활동임.
생명지킴		"우리들의 파티" 교육과정을 마치고 소감을 나누면서 파티를 진행하면서 음식을 함께 나누어 먹고 챙겨 주는 활동임.

중용이라는 말은『논어(論語)』에 처음 등장한다.『論語』에 "중용의 덕은 지극한 것인데 이를 지속해서 행하는 사람이 별로 없다."(論語 雍也편)라는 표현이 나온다. 子思가 지은『중용(中庸)』에 의하면 다음과 같은 구절을 발견하게 된다. "사람이라면 누구든 마시고 먹지 않는 자는 없다. 그러나 맛을 제대로 아는 이는 드물다(人莫不飮食也, 鮮能知味也)." 이 구절은 공자가 진리가 널리 전달되지 못함을 개탄하는 말로서, 진리를 알고 행하는 것을 가장 본능적이고 강력한 맛이라는 감성적인 체험에 비유하여 언급하고 있다.

중용의 개념은『中庸』에서 비로소 구체화되어 나타난다. '中'의 개념은 단순히 양극단에서 중간 지점을 가리키는 것이 아니라, 양극단을 고려하면서 어느 한쪽으로 치우치지 않음을 의미한다. 그리고 '용(庸)'의 개념은 반복을 통한 지속적인 쓰임을 의미한다. 그러므로 중용의 개념은 때에 맞추어 가장 적합한 정도를 적중하는 것이며(時中), 전체적인 조화를 고려하면서 지속적인 정성을 지니는 상태를 의미한다(최상진 외, 1999: 289-296). 이러한 균형과 시중, 그리고 정성의 의미를 지닌 중용은 만물을 번영하게 하는 근원이다.『中庸』에서는 "중(中)과 화(和)의 덕을 지극히 하면 천지가 제자리를 잡고 만물이 자라난다."라고 말하고 있다. 그러므로 생태계에서 중용의 도(道)가 하루도 그치지 않고 만물을 생육, 번성하게 함을 깨닫고 이러한 천지의 정성을 인간이 본받을 필요가 있는 것이다. 중용의 상태가 겉으로 드러나는 것을 '和'의 상태라고 하는데, 중용의 덕은 '和'의 상태를 유지하는 것으로 끝나지 않고 궁극적인 변화를 끌어내는 데 힘을 발휘한다.『中庸』에 의하면 "사소한 일에도 정성됨을 다해야만 하는 것이니, 정성되면 곧 나타나게 되고, 나타나면 드러나게 되고, 드러나면 곧 밝아지게 되고, 밝아지면 곧 움직이게 되고, 움직이면 곧 변화하게 되고, 변화하면 곧 교화되는 것이다. 오직 천지의 지극한 정성됨이라야 교화를 시킬 수 있는 것이다(曲能有誠, 誠則形, 形則著, 著則明, 明則動, 動則變, 變則化. 唯天下至誠, 爲能化)."라고 하여 천지의 지극한 정성의 道를 본받아 인간이 진심에서 우러나오는 행동을 할 때 모든 생명체 간에 감동적인 변화를 가져온다는 것을 강조하고 있다. 이러한 관점은 법치주의나 덕치주의 차원을 넘어선 지극히 예술적인 천인합일(天人合一)의 경지라고 할 수 있다.

이상의 내용을 종합하면, FAT에서의 생명중심사상은 생태계에 존재하는 생명존중의 세계관을 지향하고 생명체의 절대적인 가치를 소중히 여기며, 생명존중, 생명사랑, 생명살림, 생명지킴의 네 가지 핵심 요소를 중용으로 조절하여 상생과 조화를 유지하는 것이라고 정의할 수 있다.

3. 푸드아트테라피의 생명중심 상담원리

모든 생명체는 살려는 욕구와 의지를 가지고 태어난다. 왜 태어나는지, 왜 살아야 하는지 인식하지 못한 상태에서도 살아남으려는 방향으로 목표지향적으로 행동한다. 인간이 일상생활에서 던지는 물음들은 대체로 '어떻게 살 것인가' 하는 문제와 연결되어 있고, 결국 잘 살고 싶다는 소망을 실현하려고 노력한다. 우리 사회는 긴장과 갈등, 그리고 대립을 겪으면서도 더불어 살아가야 하는 생명공동체이며, 경쟁이 심화될수록 서로를 살리는 관계치료가 필요하다. 셀프힐링과 관계치료, 그리고 자유인이 되도록 상담과 치료 효과를 증대하기 위해서 FAT는 다음과 같은 상담원리를 중요시한다.

첫째, 인간의 욕구에 대한 긍정적인 관점을 지닌다.

유가에서는 "하늘이 백성을 낳고 욕(欲)이 있도록 하였다.", "사람이 태어나니 욕(欲)이 있다."라고 말하듯이 인간의 선천적인 욕구본능을 부인하지 않았다(조남욱, 2007:16). 인간이 살아가는 한 욕구가 없을 수는 없으며, 버려야 할 대상도 아니다. 인간이 살기 위해 욕구충족을 추구하는 것은 자연스러운 행동이다. 그러나 욕구가 자신, 타인, 그리고 생태계 전체의 맥락에서 타당한지를 살펴야 한다. 인간이 자신만을 위한 욕심이 지나치게 되면 생명공동체 전체에 불균형을 초래하고 자신에게도 화가 미치므로, 욕구를 조절하는 것이 필요한 것이다.

유가 사상에서는 무소유를 추구하는 것이 아니라, 물질이나 욕망을 거부하지 않되 그에 휩싸이지 않도록 중용으로 조절하는 것을 바람직하게 여긴다. "군자는 자신의 처지에 맞게 행동하고, 부귀에 처하면 부귀를 누리고, 빈천해지면 빈천을 즐긴다."(『中庸』 14장)라고 하여 특정한 상황에 매이지 않고 유연한 마음가짐과 행동양식을 취할 것을 제시하고 있다.

생명중심의 FAT에서는 내담자가 자신의 기본욕구를 인식하도록 돕고, 욕구가 감성적인 체험을 통해 자발적으로 건강하게 표현되도록 촉진하며, 생태계 내에서 상생과 조화를 이루는 방향으로 욕구충족의 방안을 선택하도록 협력적으로 찾아 들어간다.

자신이나 타인에 대한 반응은 개인이 지닌 욕구와 연결되어 있으며, 문제가 되는 것은 욕구 그 자체가 아니라 욕구의 표현방식과 정도인 경우가 많다. FAT에서는 욕구 자체를 긍정적으로 수용하고, 자신의 욕구를 정확히 파악하는 것을 강조한다. 자신의 감정과 행동과 관련된 자신의 근본적인 욕구를 찾아가는 과정에서 '이러한 상황에서는 나의 욕구가 이렇게 나오는구나.' 하고 알아차리고 이해하도록 한다. 그 과정에서 자신과의 참만남이 이루어지게 된다. 자신의 욕구를 가식 없이 만나는 일이야말로 진정한 자기사랑이요 자기이해인 것이다.

인간적인 욕구를 부정하지 않고 욕구충족을 위한 현실적인 대안을 찾아가는 자기사랑을 확장하게 되면 타인을 이해하고 사랑하는 일이 가능해진다.

둘째, 인간의 관계성 증진에 중점을 둔다.

인간은 생태계에서 서로 연결되어 있는 관계적 존재이며 과정적인 존재이다. 살아 있는 동안만이 아니라 죽은 후에도 생태계 내에 존재하며 영향을 미친다. FAT는 개인이 모든 생명체와 상호의존적인 관계를 맺고 유지하도록 도우며 어떤 생명체도 인위적으로 상하게 하거나 버리는 행동을 줄이도록 돕는다. 혼자 살아가는 것은 불가능할 뿐만 아니라 관계단절과 자기소외를 가져오게 되므로, 모든 생명체와의 관계성을 증진하고 더불어 사는 것이 궁극적으로 자신을 위한 길임을 자각하도록 돕는다. 그리고 자신을 과정적인 존재로 인식하는 것은 결과중심이나 성취중심의 사고방식에서 벗어남을 의미한다. 결과 또한 과정의 일부이므로 인간은 매 순간 과정에 충실하면서 살림을 하는 것이 바람직하다. 생태계의 모든 현상이 인간의 뜻대로 되는 것은 아니다. 과정적인 존재인 인간은 결과에 집착하지 않고 큰 흐름 속에서 서로 살리는 살림을 하는 것을 기본적인 자세로 삼아야 한다.

셋째, 인간의 보편성에 기초하여 상호이해와 공감을 체득하도록 한다.

인간의 사고나 행동이 다 같을 수는 없으므로, 차이와 다름을 인정하는 것은 나름대로 갈등을 줄이는 방편이 될 수 있으나, 하나 되는 일체감을 조성하지 못하고 병행적인 상태에 놓이게 된다. 보다 깊은 이해가 이루어지려면 인간성의 근저에 있는 보편성으로 포용해야 한다. 인간관계에서 역지사지(易地思之)의 사고방식이 가능한 것은 인간이 공유하는 보편성에 근거하기 때문이다. 갈등상황에서 생명체로서의 보편성을 바탕으로 하여 상호주관성을 넓혀 감으로써 상호이해와 공감을 체득하도록 하여 부쟁(不爭)의 단계로 전환하도록 한다.

넷째, 상생과 조화의 생명공동체 살림운동에 중점을 둔다.

자연생태계가 외면상으로는 약육강식의 대립적 갈등구조로 보일지 모르지만, 보다 더 심층적으로 관찰하면 상호소통하며 유기적이며 보완적인 관계로 균형을 유지하고 있음을 알 수 있다. 인간사회에서의 다양한 여건하에서도 동양의 전통사상에서의 "포용적, 협동적, 조화적 관계"(김세정, 2006: 155)를 중시하고 상생과 조화를 실천하는 살림운동을 생활화하도록 한다.

다섯째, 생을 즐기는 가치관을 삼는다.

공자는 "아는 것은 좋아하는 사람만 못하고, 좋아하는 사람은 즐기는 사람만 못하다."(『論語』, 雍也 편, 知之者, 不如好之者; 好之者, 不如樂之者)라고 하여, 유유자적(悠悠自適)의 양생법이 심신의 건강을 유지하는 삶의 모습임을 말하고 있다. 인생의 최고의 경지는 생명체가 지닌 생명력을 충분히 영위하는 것이다. 애착이나 집착, 과욕 등에 갇히게 되면 생명체는 자연 그대로의 유연성을 잃게 된다. FAT는 자신이 세운 목적이나 수단에 갇히지 말고 트인 마음으로 자신과 생태계에 넘치는 아름다운 생명력을 즐기는 자유인이 되도록 돕는다.

이상의 내용을 종합하여 결론적으로 말하면 다음과 같다.

첫째, FAT의 생명중심사상은 물리적 · 사회적 · 자연적 환경을 도구적 가치로 생각하는 인간중심적인 관점보다는 생명공동체가 함께 순환하며 공존해야 한다는 점에서 탈인간중심적인 관점을 취한다.

둘째, FAT의 생명중심사상은 생명존중, 생명사랑, 생명살림, 그리고 생명지킴 등 네 가지 핵심 개념으로 구성되며, 중용으로 조절하는 것을 강조한다.

셋째, FAT의 생명중심의 상담원리는 생명체로서의 자기사랑과 자기이해로부터 출발하여 생명공동체 살림운동으로 확장해 가는 데 중점을 둔다(이정연, 2012).

오늘도
행복한 하루

PART II

성인 학습자를 위한 푸드아트테라피

CHAPTER 01 • 자신의 삶 돌아보기

CHAPTER 02 • 생태 감수성 증진하기

CHAPTER 03 • 창의성 증진하기

진행자의 워크북 운영지침

단계	운영지침
들어가기	• 각 회기별 주제에 맞는 감성적인 영상을 준비한다. • 워밍업은 간단한 신체활동으로 몸풀기를 한다. • 학습자의 특성에 맞게 퀴즈를 내고 흥미 있는 수업이 되도록 한다.
맞이하기	• 진행자가 학습자들을 따뜻하게 환영하는 웰컴 테이블을 구성한다. • 학습자들이 대접받고 존중받는 분위기를 조성한다. • 학습자들이 2인 1조가 되어 맞이하기 상차림을 만들어 보도록 한다.
식재료와 소품 준비	• 기본 푸드키트를 사용하여 재료준비의 부담을 줄인다. • 식재료는 가급적 물기 없는 것을 사용하고, 식품 안전에 주의한다. • 피겨 등 효과적인 소품을 준비하여 조형적인 요소를 가미한다. • 재료가 낭비되지 않도록 주의한다.
마음결 고르기	• 식품에 대한 오감체험을 하고 감상한다. • 생명체가 지닌 힘과 아름다움을 발견하도록 한다. • 식재료를 천천히 배열하면서 집중명상을 하도록 한다. • 진행자가 먼저 시범을 보이고 자율적으로 하도록 한다. • 편안한 명상음악을 틀어 주는 것도 바람직하다.
강의	• 이론적인 강의는 15분 이내로 한다. • 매 회기 건강한 식생활을 위한 영양교육을 보충한다.
본 활동	• 작품 활동하는 학습자의 특징을 관찰하고 살펴본다. • 작품 제작에 개입하지 않고 있는 그대로 존중한다. • 재구성이 필요한 경우, 학습자가 자발적으로 하도록 한다. • 여건이 되는 대로 야외활동을 추가한다.
발표하기	• 개인별 발표 시간이 고르게 배정되도록 한다. • 즉각적인 반응과 긍정적인 피드백을 하면서 서로 수용하도록 한다.
소감 나누기	• 한 회기 동안 느낀 점을 이야기한다. • 마무리하는 시점이므로 새로운 문제는 다루지 않도록 한다.

기본 푸드키드

전 회기에 항상 사용하는 개인용 푸드키트로서, 재료준비를 간소화하면서도 작업의 효율성을 고려한 재료 총 20가지로 구성되었다. 재료의 양은 여건에 따라 달라질 수 있으며, 강사가 매회기 개인별로 나누어 주거나 조별로 분배하고 다시 수거한다.

구분	내용	특징
곡류	병아리콩, 검은콩	이미지 생성이 쉽고, 손에 묻지 않으며, 장기 보관이 가능한 식재료임.
과자류	오트밀 과자, 아몬드, 커피원두	마음결 고르기 작업이나 협동 작업에 편리하고, 친밀감을 주는 식재료임.
피겨	집모형, 토끼, 나무 울타리	스토리 구성에 포인트를 주는 필수적인 재료임.
소품	캠핑용 원형그릇, 미니컵, led양초, 커피캡슐, 실리콘컵, 스푼, 핀셋, 레이스 컵받침, 파우치	식재료를 담거나 배치하기에 편리한 작은 소품임.
기타	말린 귤껍질, 조개껍질, 흰 자갈	정원이나 해변가 등 작품의 배경을 구성하는 데 효과적인 재료임.

CHAPTER

01 자신의 삶 돌아보기

1회기 나의 살아온 이야기

2회기 건강한 생활습관

3회기 황금연못

4회기 제3의 공간 아지트

1회기

나의 살아온 이야기

활동명	나의 살아온 이야기	
활동목표	• 진행자와 학습자 간에 라포를 형성한다. • 푸드아트테라피를 이해한다. • 학습자가 자신의 삶을 돌아보고 긍정적으로 해석한다.	
준비물	기본 푸드키트, 동영상, 다양한 색지, 부직포 등	
단계(시간)	활동내용	활동사진
들어가기 (10분)	▣ 워밍업 • 영상자료: 방울토마토의 하루 • 개발자 소개 • 푸드아트테라피에 대한 소개	
맞이하기 (30분)	▣ 환영합니다 • 한국인의 상차림에 관해 이야기 나누기 • 작품 만들기 –두 명씩 조를 지어 상대방을 환영하는 작품 만들기 • 작품에 제목 붙이고 설명하기 • 긍정적 피드백 나누기	
마음결 고르기 (30분)	▣ 병아리콩 배열하기 • 반복과 느림의 가치에 관한 이야기 나누기 –발효식품, 느림의 미학 이해하기 • 병아리콩의 미학에 대하여 설명하기 –다양한 작품의 예를 감상하기 • 작품 만들기 • 작품에 제목 붙이고 설명하기 • 마음결 점검하기	

단계(시간)	활동내용	활동사진
본 활동 (90분)	▣ 나의 연대기 • 나의 연대기 관련 이야기 나누기 • 작품 만들기 –병아리콩으로 나의 과거와 현재 작품 만들기 • 작품에 제목 붙이고 설명하기 • 긍정적 피드백 나누기	
	▣ 재구성하기 • 병아리콩으로 나의 미래 구성하기 • 작품에 제목 붙이고 설명하기 • 나에게 하고 싶은 말은 무엇인지 발표하기 • 긍정적 피드백 나누기	
마무리 (20분)	▣ 소감 나누기 • 오늘 활동한 내용 나누기 • 새롭게 알게 된 점이나 느낀 점을 말하기 • 뒷정리하기	
유의사항	콩이 구르지 않도록 면이 매끄럽지 않은 색지나 부직포를 선택한다.	

1. 들어가기

영상자료: 방울토마토의 하루

출처: https://www.youtube.com/shorts/RN-xBqswOLU, 방울토마토의 하루, 이정연

개발자 소개

이정연

㈜친친가족문화연구소 소장

한국푸드아트테라피학회 회장

푸드예술심리상담사 수련감독

한국상담학회 수련감독급 전문상담사

부부가족상담학회 회장 역임

전) 목포대학교 아동학과 교수

푸드아트테라피 소개

푸드아트테라피(Food Art Therapy)란 식품을 매체로 하여 창의적인 놀이와 예술활동을 통해 자신의 내면세계를 표현하고 긍정적인 사고로 전환, 확장해 감으로써 자아찾기와 자아초월 그리고 대긍정에 이르도록 하는 심리치료이다.

학회명: 한국푸드아트테라피학회(2008)

홈페이지: http://www.foodarttherapy.or.kr

학술지: 푸드아트테라피(2012)

전국지부: 서울경기지부, 강원지부, 충북지부, 전북지부, 광주지부, 전남지부, 대구경북지부, 부산경남지부, 제주지부 등

서울사무국: 서울시 송파구 중대로 25길 10 하나빌딩 503호

한국푸드아트테라피학회 학술활동

<table>
<tr><th>구분</th><th>2022년도</th><th>2023년도</th><th>2024년도</th></tr>
<tr><td>정기
워크숍</td>
<td>

</td>
<td>

</td>
<td>

</td></tr>
<tr><td>정기
학술대회</td>
<td>

</td>
<td>

</td>
<td>

</td></tr>
</table>

2. 맞이하기: 환영합니다

한국인의 상차림에 대해 이야기 나누기

- 명절이나 특별한 날에 제공되는 특별한 상차림은 어떤 것이 있나요?
- 어린 시절, 부모님이 만들어 주신 특별 음식은 무엇인가요?
- 손님을 대접할 때 어떤 음식을 준비하나요?

작품 만들기

- **준비물**: 부직포, 검은콩 또는 검은 자갈, 집 모형, 피겨, 화병, 조화 또는 생화 등
- **내용**: 두 명씩 조를 지어 상대방을 환영하는 작품을 만든다.
- **방법**: ① 마음에 드는 쟁반이나 부직포를 준비한다.
  ② 검은 자갈을 깔고 연못을 배치한다.
  ③ 집 모형과 피겨를 자유롭게 배치한다.
  ④ 화병을 배치한다.
  ⑤ 음료를 곁들인다.

작품에 제목 붙이고 설명하기

긍정적 피드백 나누기

응용작품

감자를 활용한 맞이하기(제작: 이정연)

오픈 샌드위치를 활용한 맞이하기(제작: 오유미)

맞이하기 작품: 환영합니다

행복하세용~

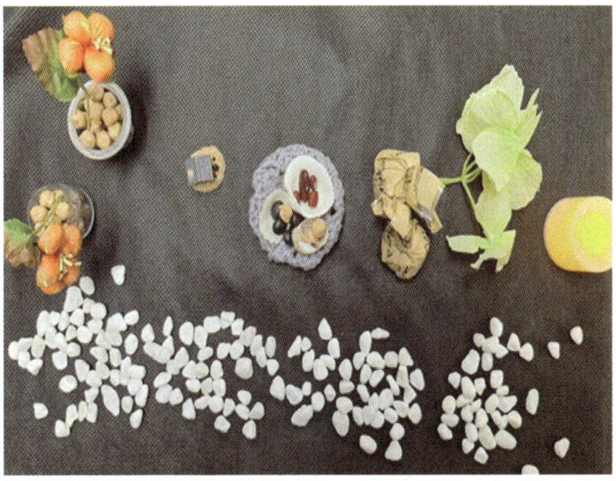

기분좋은 하루 보내세요.

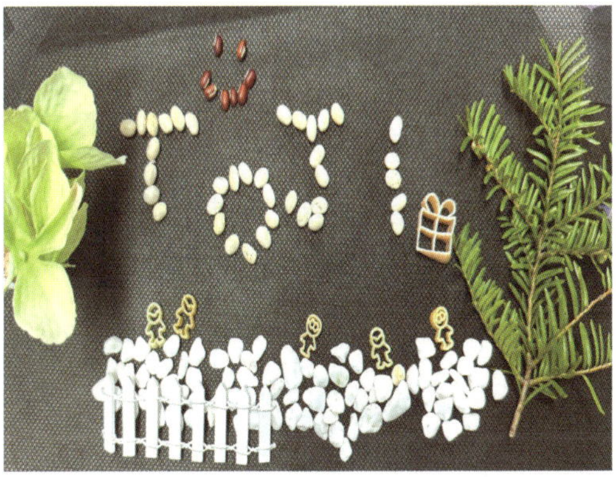

안녕! 어서 와! 반가워~

당신과 함께하는 이 순간이 너무 행복해요.

행복이 가득한 하루 보내세요.

한옥마을에 오신 것을 환영해요(제작: 조수진)

출처: 전남영양교사직무연수팀

참고자료

한국의 전통 '규방다례'

조선시대 사대부가 여성의 차 예절과 생활을 복원 · 정립하여 2002년 인천시 무형문화재(현, 무형유산)로 지정된 생활 다례이다. 조선시대 사대부가에서는 여성들에게 손님들을 대접하기 위한 차 예절을 가르쳤다. 손님들을 맞이하여 차와 다식을 대접한 후 배웅하기까지의 과정을 의례화한 차 문화가 규방다례이다. 규방다례는 차를 우려내는 데 절제된 다법이 수반되고, 연장자를 우선시하는 전통 예절이 어우러진 우리의 전통문화로, 차를 통해 사회 세대 간의 갈등을 치유하고, 친구 간의 예의를 갖추게 하는 등 사회 교육의 기능도 수행하고 있다.

규방다례의 절차

규방다례는 초청된 손님을 대문에서 맞이하는 것으로부터 시작된다. 이어 규방으로 안내하여 절로써 정식으로 예를 표한 후 다실로 안내한다. 주인은 다실에 마련된 다담상에 손님들을 자리하게 한 후, 다구가 마련된 곳으로 이동하여 정성스럽게 차를 우려낸다. 주인은 우려낸 차를 다반에 옮겨 담아 다담상으로 이동하여 연장자부터 찻잔을 올린다. 다구가 있는 자리로 돌아온 주인은 차를 음미한 후 목례로써 차를 드셔도 좋겠다는 뜻을 표한다. 이때 주인의 여식은 다식을 다반에 담아 손님들에게 이동하여 대접하고 주인은 두 번째 차를 준비한 후 다담상에 합석하여 차를 마시고 다식을 먹으며 다담을 즐긴다. 다담이 마무리되면 주인과 여식은 다식 그릇과 다구를 물려 원위치하고 손님들을 대문까지 나가 배웅하는 것으로 규방다례는 마무리된다.

출처: 네이버 지식백과 규방다례 [閨房茶禮](한국민족문화대백과, 한국학중앙연구원)

인천시 무형문화제 규방다례

https://blog.naver.com/incheontogi/221014122434

시민과 함께하는 규방다례 보존회

https://blog.naver.com/sugyeoncho/100204529020

3. 마음결 고르기: 병아리콩 배열하기

나의 삶의 속도는 어떠한가?

- 일상생활에서 일 처리하는 속도를 점검하기
- 천천히 호흡하기
- 느리게 말하고 걸으며 천천히 움직여 보기

작품 만들기

- 준비물: 부직포 또는 쟁반, 병아리콩, 나뭇잎, 핀셋 등
- 내용: 병아리콩의 촉감을 느껴 보고, 20분 이상 천천히 핀셋으로 병아리콩을 놓으며 자유롭게 작품을 표현한다.
- 방법: ① 마음에 드는 부직포를 선택한다.
  ② 병아리콩을 한 개씩 천천히 놓으며 곡선과 직선을 연습한다.
  ③ 마음 가는 대로 작품을 구성한다.
  ④ 나뭇잎을 적당한 곳에 장식한다.

작품에 제목 붙이고 설명하기

마음결 고르기를 한 후

- 느껴지는 변화가 있는지 살피고 소감을 나눈다.
- 신체변화(호흡, 긴장과 이완)
- 마음상태(안정감, 편안함, 집중력 등)

마음결 고르기 작품: 병아리콩 배열하기

마음속 달팽이, 천천히~~~ 늘 시간에 쫓겨 사는 나. 마음 한가운데 달팽이를 키워 여유로운 마음을 찾자.

복잡한 생각들로 마음이 물결치지만, 그럼에도 불구하고 웃으며 살기

간절한 기도, 나와 가족의 건강과 안녕을 기원하는 간절한 맘을 기도하는 손으로 표현해 보았다.

조금씩 꾸준히 성장하기. 일상 속에서 노력과 실천함으로써 꾸준히 성장하는 나를 표현해 보았다.

커피잔. 병아리콩을 줄지어 놓다 보니 내가 즐겨 먹는 커피잔이 되었다.

언제나 그리운 고향집을 표현했다.

출처: 전북영양교사직무연수팀

참고자료

발효음식, 느림의 미학

발효는 인간의 음식 조리 방법으로 널리 활용되는 기술이며, 인간이 먹는 음식의 3분의 1은 발효된 음식이다. 음식 내 유익균종이 생기면 유해균종(부패균)의 생성 및 증식이 방지되어 보관 기간이 늘어나고, 유산균의 생리 활동 결과로 소화 용이성과 풍미가 개선되고 간혹 건강 증진에 도움이 되는 물질, 즉 균종이 생성되는 등 여러 효과가 있기에 인류는 유목 시절부터 여러 가지 발효음식을 활용해 왔다.

김치, 매실, 자우어크라우트(양배추를 발효한 독일 음식), 장류(간장, 된장, 고추장)를 비롯하여 청주, 맥주, 포도주, 소주 등의 각종 주류, 식초, 낫토, 빵, 치즈, 요구르트, 젓갈, 과메기 등이 발효식품이다.

출처: 위키피디아(https://kowikipediaorg/wiki) [발효음식]

김치	배추나 무 등의 주재료를 소금에 절였다가 고춧가루, 파, 마늘, 생강 젓갈 등 여러 가지 양념을 넣어 버무린 뒤 발효시켜서 먹는 대표적인 한국음식으로 지역에 따라 다양한 종류의 김치가 있다.	
된장	콩을 발효시켜 만든 조미료인 된장은 음식의 간을 맞추고 맛을 내는 기본 식품이다. 조선시대 문헌인『구황촬요』와『증보산림경제』에 된장 제조법이 나와 있다. 된장을 만들기 위해서는 먼저 메주콩을 불려 쪄서 메주를 쑤어 띄운 다음 소금물을 부어서 익힌다.	
막걸리	삼국시대 이후 전래된 전통 술로 쌀, 보리, 밀 등을 원료로 누룩을 넣어 발효시킨 후 체로 걸러 내어 만든다. 뽀얀 빛깔을 띠고 있으며, 은근한 단맛과 감칠맛, 청량감이 있다.	

식초	식초의 기원은 술의 역사와 함께한다. 냉장 시설이 없던 당시 우연히 먹다 남은 술이 발효돼 시고 달달한 식초가 되었다고 추정한다. 옛날 우리 조상은 식초를 '독한 술'이라는 뜻의 고주(苦酒)라고 불렀는데, 우리나라에서도 식초가 술에서 시작되었음을 알 수 있다. 조선시대에는 곡식이나 과일로 식초를 만들어 사용했는데 초두루미라는 항아리에 식초를 넣어 부뚜막 근처에 보관했다. 식초의 신맛은 입맛을 돋워주어 영양불균형과 탈수를 예방해 주기 때문에 여름철 요리인 냉국, 냉면, 생채, 겨자채, 초절임 등에 많이 이용한다.	
젓갈	젓갈은 양념으로도 많이 쓰이지만 반찬으로도 많이 먹는데, 곰삭은 맛이 은근해서 중독성까지 있다. 새우젓에서부터 어리굴젓, 명란젓, 창란젓, 아가미젓까지 물고기의 웬만한 부분은 다 젓갈로 담근다. 시장에서 파는 젓갈의 종류만 40종을 넘는다.	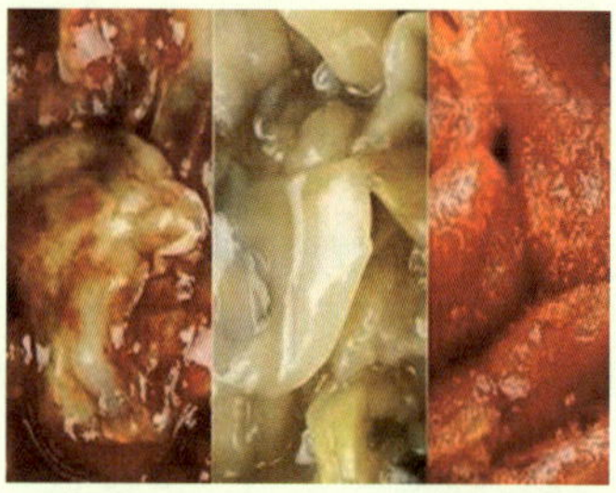
치즈	우유 속의 지방과 단백질이 효소에 의해 응고된 것을 바로 먹거나 압축, 숙성하여 먹는다. 인류의 역사와 함께해 온 주요 식품의 하나이며, 원료가 되는 젖, 발효를 돕는 미생물, 숙성 과정에 따라 수많은 종류가 있다.	
요구르트	요구르트는 유목민들이 동물의 젖을 발효시켜 만든 고대의 건강식품이다. 요구르트는 우유나 염소젖 등을 살균하여 반쯤 농축시키고, 이에 유산균을 번식시켜 발효, 응고시킨 음료를 가리킨다.	

참고자료

병아리콩의 미학

병아리콩(Chickpea)은 그 자체로도 매력적인 식재료이지만, 미학적으로도 여러 가지 측면에서 흥미로운 요소를 가지고 있다.

- **형태와 색상**: 이름의 유래는 콩의 모양이 병아리 머리를 위에서 내려다보았을 때의 모습과 비슷해 보인다고 해서 붙여진 것이다. 병아리콩은 둥글고 부드러운 형태를 가지고 있으며, 일반적으로 크림색 또는 황금색을 띤다. 이 자연스러운 색상은 요리에 따뜻함과 아늑함을 더해 준다. 병아리콩의 표면은 매끄럽고 광택이 있어 시각적으로도 매력적이다.
- **다양한 요리법**: 병아리콩은 다양한 요리에 활용될 수 있는 다재다능한 식재료이다. 중동의 후무스, 인도의 차나 마살라(Chana Masala), 지중해의 샐러드 등 여러 문화에서 사랑받는 요리이다. 병아리콩은 견과류와 비슷한 고소하고 부드러운 맛을 가져 각기 다른 조리법과 조화롭게 어우러지는 모습은 미학적으로도 흥미롭다.
- **영양과 건강**: 병아리콩은 단백질, 섬유질, 비타민, 미네랄이 풍부하여 건강한 식단의 중요한 부분을 차지한다. 건강한 식재료로서의 혈당지수도 28 정도로 매우 낮은데, 삶으면 부피 대비 칼로리도 낮아 100g 정도에 164칼로리 정도이며 무게에 대비하여 물 60%, 탄수화물 27%, 단백질 9%, 지방 3%를 함유하고, 특히 지방의 75%는 불포화지방산이다. 다른 콩에 비해 비교적 비린내가 없는 것도 장점이다.
- **환경적으로 지속 가능한 식품**: 고기 비율이 높은 식사를 줄이고 병아리콩과 같은 식물성 단백질로 대체함으로써 지구 환경 보호에 기여할 수 있으며, 병아리 콩은 매우 적은 수의 자원을 사용해도 잘 자라는 식물로서 지속 가능한 농업의 일환으로 더 많은 사람들에게 권장될 필요가 있다.

출처: 나무위키(https://namu.wiki/w/%EB%B3%91%EC%95%84%EB%A6%AC%EC%BD%A9#s-6)

후무스 비건 샐러드(제작: 이정연)

4. 본 활동: 나의 연대기

나의 연대기 관련 다양한 질문

- 내가 좋아하는 사자성어나 속담은 무엇인가요?
- 내가 겪었던 가장 기억에 남는 순간은 무엇인가요?
- 당신의 인생에서 가장 큰 전환점은 언제였고, 그때 어떤 결정을 내렸나요?
- 나의 연대기를 한 문장으로 압축한다면 무엇인가요?
- 지금의 나에게 하고픈 말은?

작품 만들기

- 작품명: 나의 연대기
- 준비물: 다양한 색 부직포, 병아리콩, 이파리, 핀셋 등
- 내용: 나의 과거와 현재를 병아리콩으로 자유롭게 표현한다.
- 방법: ① 내가 살아온 삶에 대해 돌아보며, 시기마다 어떤 굴곡이 있었는지 생각한다.
  ② 마음에 드는 부직포를 고른다.
  ③ 병아리콩으로 나의 과거와 현재를 구성한다.
  ④ 중요한 사건을 이파리로 표현한다.

작품에 제목 붙이고 설명하기

긍정적 피드백 나누기

작품 재구성하기

① 병아리콩으로 나의 미래를 구성한다.

② 작품에 의미를 설명한다.

③ 나에게 하고 싶은 말은 무엇인지 발표한다.

구성하기	재구성하기

제작: 이정연

결혼 후 40세까지 남편의 사업 실패로 인해 우여곡절이 많아 힘든 일이 많았고, 상담공부를 하면서 다시 나의 길을 찾아가게 되었다.

지금까지의 경험이 밑거름이 되어 나 자체가 더욱 풍요롭게 성장하여, 후손들을 기르고 사회에 기여하는 어른으로 살아가고 싶다.

제작: 오유미

어린 시절 아버지의 사업 실패로 시련이 있었지만 굳건하게 울타리 역할을 해 주신 어머니 덕분에 고비를 넘겼고, 성인이 된 후 한차례 나락으로 떨어지는 사건을 겪었으나 푸드아트테라피를 만나고 상담공부를 하면서 나를 찾게 되었다.

인생의 여러 가지 우여곡절과 경험이 푸드아트테라피를 통해 진한 거름이 되었고 앞으로의 삶은 마음이 아픈 사람들과 공감하고 봉사하는 것으로 꽃피우고 싶다.

제작: 조수진

평온하고 평범한 삶을 살던 나는 결혼 7년 만에 남편과 사별 후 조용히 침울하게 마치 죄인처럼 살고 있었다. 그러던 중에 푸드아트테라피를 처음 만났다. 푸드아트테라피는 지금까지 내 삶을 위로하고 힘이 나게 하며 여유롭게 변화시킨다.

내 삶을 긍정적으로 풍요롭고 여유 있게 변화시킨 푸드아트테라피의 매력을 다양한 사람들에게 널리 알리고 건강한 식생활 개선을 위해 봉사하고 싶다.

작품 제작: 나의 연대기

고진감래
고통 끝에 찾아온 행복♡

산 넘어 산
대학, 취업, 만남, 결혼 등 인생은 산을 넘는 것 같다.

굽은 길도 지나고 비를 맞을 때도 있지만 씩씩하게 목표를 향해 걸어가는 삶을 표현했다.

인생은 가까이 보면 비극, 멀리서 보면 희극

성실히 살다 보니 작은 행복이 찾아왔다.

인생의 파도를 헤치고 깊은 바닷속, 오늘보다 나은 내일을 꿈꾸며 살았다.

출처: 전북영양교사직무연수팀

나의 삶을 과거, 현재, 미래로 표현하면, 많은 것을 느꼈던(!) 0~20세, 항상 왜(why)라는 물음표(?)로 삶을 탐색했던 20~40세, 앞으로는 반짝반짝 별이 되고 싶은 소망과 다짐을 해 본다.

극복 & 꽃길
살면서 힘들고 어려운 일을 지나고 보니 그 길이 꽃길로 연결되었다.

둥글둥글 살아온 나
단순하게 살았던 10대, 순수하게 살았던 짧은 20대, 인생의 커다란 변화와 함께 조금은 힘들었던 30대, 열정 가득했던 40대, 좀 더 여유 있게 살고픈 50대. 잘 살아 줘서 고마워. ^^

한 계단 한 계단 천천히 노력하고 올라와 보니 행복이 나를 기다리고 있었음을 표현해 보았다.

복잡하고 힘든 일들이 일어날 때마다 이 또한 지나가리라.^^ 꽃길만 걷자!

나에게 쨍 하고 해 뜰 날 돌아온다.

출처: 전북영양교사직무연수팀

참고자료

나의 생활 연대기

개인이 출생해서 현재까지 경험한 주요 생활경험을 연대별로 나열한 그림이다. 개인은 자신의 인생 경험을 되돌아보고, 재인식하며, 탐색하는 과정을 거친다. 이 과정은 개인이 자신의 삶을 재구조화하고 긍정적으로 변화하여 성장할 수 있는 정보가 된다.

나의 생활연대기를 그리기 위해서 내담자는 우선 지금까지의 삶에서 경험한 주요 사건을 기억하고, 이를 수평선 위에 연대별로 나열한다. 그런 다음 그 사건들이 자신에게 영향을 미친 정도를 긍정과 부정의 차원으로 분류한 뒤, 그 사이를 이어서 그래프로 완성한다.

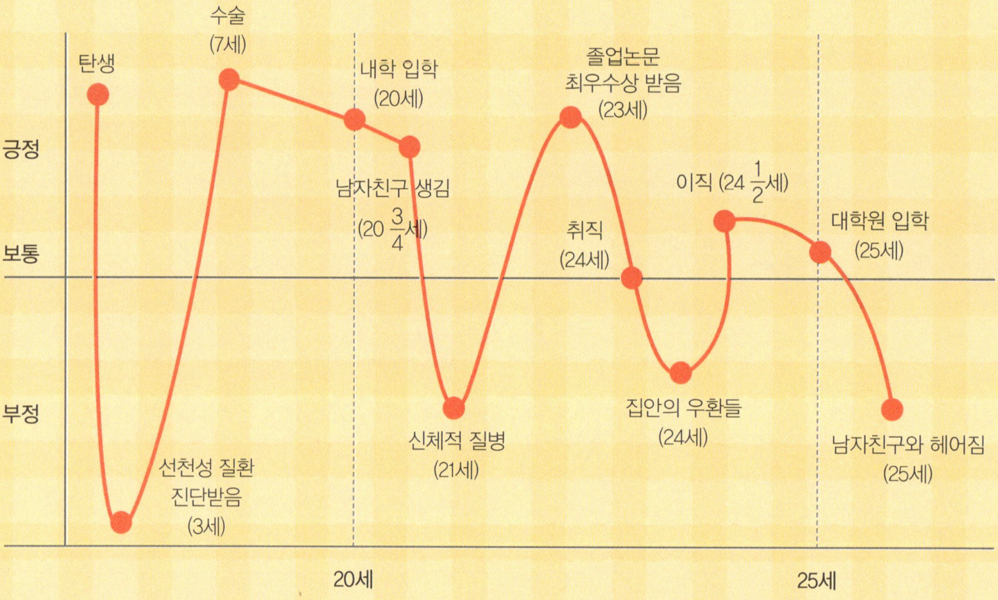

출처: 네이버 지식백과 나의 생활연대기 [life chronology, -生活年代記](상담학 사전, 김춘경, 이수연, 이윤주, 정종진, 최웅용)

노년기의 자아통합

자아통합감을 유지하는 것은 현대 사회에서 매우 중요한 과제이며, 에릭슨은 노년기에 이루어야 할 핵심적 발달과제로 '자아통합'을 지적하였다. 에릭슨에 따르면 노년기에는 '자아통합'이라 하여 기본적으로 과거 경험을 재음미하고 검토해 보며, 그들이 살아온 인생을 가치 있는 삶으로 평가 · 수용하여 자신의 삶에 대하여 정돈해 보고 싶은 내적인 욕구가 존재한다고 한다.

2회기

건강한 생활습관

활동명	건강한 생활습관	
활동목표	• 현재 나의 삶의 균형/불균형을 탐색한다. • 현실 가능한 생활습관 개선방안을 계획한다.	
준비물	기본 푸드키트, 동영상, 미니 항아리, 또아리, 닭 모형, 마른 열매껍질, 한지, 부직포 등	
단계(시간)	활동내용	활동사진
들어가기 (10분)	▣ 워밍업 • 영상자료: 〈낙안읍성〉, 〈대추나무 사랑걸렸네〉 동영상 중 택1 –기억에 남는 시골집 풍경 이야기 나누기	
맞이하기 (30분)	▣ 오두막 시골집 • 서로에게 인사하기 • 두 명씩 조를 지어 상대방을 환영하는 작품 만들기 • 작품의 제목을 붙이고 설명하기 • 긍정적 피드백 나누기	
마음결 고르기 (30분)	▣ 아몬드 배치하기 • 작품1: 아몬드 배열하기 –마음을 차분히 정돈하기 위해 아몬드를 활용하여 반복적으로 배열하기 • 작품2: 아몬드 둘레길 –아몬드의 촉감을 느껴 보기 –아몬드로 돌담길, 둘레길을 표현하기 • 작품의 의미를 설명하기 • 마음결 점검하기	 

단계(시간)	활동내용	활동사진
본 활동 (90분)	▣ 강의: 생활습관과 건강 • 장수의 비결 / 저속노화와 웰빙 • 나의 신체적 나이 / 심리적 나이 / 사회적 나이는? • 나의 일상 루틴은 무엇인가? ▣ 나의 식생활 습관 • 작품 만들기 –잡곡을 배분하여 일상적인 식생활 습관을 표현하기 –균형/불균형을 탐색하기 • 작품에 제목 붙이고 설명하기	
	▣ 재구성하기 • 식생활 습관 중 개선할 부분을 표현하기 • 나에게 하고 싶은 말은 무엇인지 발표하기 • 긍정적 피드백 나누기	
마무리 (20분)	▣ 소감 나누기 • 오늘 활동한 내용 나누기 • 새롭게 알게 된 점이나 느낀 점을 말하기 • 정리하기	
유의사항	현실적으로 실천가능하고 지속적인 식생활 습관을 형성하도록 한다.	

1. 들어가기

영상자료 1: 낙안읍성 동영상

낙안읍성은 대한민국 전라남도 순천시 낙안면에 있는 조선시대의 읍성으로 고려 후기부터 잦은 왜구의 침입으로 인한 피해를 막기 위해 조선 전기에 흙으로 쌓은 성이다. 읍성 내에 초가집 가옥들은 몇백 년을 이어 오며 현재까지도 주민들이 거주하고 있다.

출처: https://www.youtube.com/watch?v=1CW7P9jAPDg, 낙안읍성, JTBC

영상자료 2: 〈대추나무 사랑걸렸네〉 동영상

〈대추나무 사랑걸렸네〉는 KBS에서 1990년 9월 9일부터 2007년 10월 10일까지 방송되었던 전원 드라마로, 농촌의 아름다운 풍경을 배경으로 따뜻한 가족애와 농촌의 현실을 생생하게 그려낸 작품이다.

출처: https://www.youtube.com/watch?v=6JBmbiqXM4Y, KBS 대추나무 사랑걸렸네 오프닝

참고자료

가을걷이

가을걷이는 벼, 콩, 팥, 기장, 조, 옥수수, 수수, 메밀과 같이 가을에 여무는 곡식을 줄기째 베거나 뽑아서 이삭만을 따서 말린 다음 알곡을 내는 타작까지 일련의 과정을 통칭한다. 보리와 밀을 제외한 대부분의 곡식을 가을에 수확하기 때문에 일이 많고, 또 추분부터 시작해서 추위가 닥치기 전에 갈무리가 끝나야 하기 때문에 재배 규모가 적은 작물이 아니면 가을걷이는 이웃과 품앗이로 하는 것이 보통이다.

출처: 한국민속대백과사전

한국의 초가집

초가집을 새로 이는 시기는 한 해의 농사일이 다 끝나는 초겨울이다. 가을에 추수한 벼는 알곡을 털어 내고 잘 건조시킨다. 짚에 수분이 남아 있으면 벌레가 생기기 쉽고 그러면 지붕은 쉽게 상해 비바람을 견뎌 내지 못한다. 지붕을 새로 이는 것은 각 집마다 가족들끼리 하기보다는 마을에서 품앗이로 이루어진다. 또한 초가지붕에서 용마루에 올리는 '용마름'은 볏짚을 꼼꼼하게 잘 엮어야 하는 작업으로 보통 마을에서 제일 기술이 좋은 사람 한둘이 맡아서 만든다.

출처: 위키피디아 백과사전

영암 엄길마을의 당산나무와 정자

마을 입구에서 반갑게 맞아 주는 큰 느티나무는 키가 20m를 넘고, 나무의 둘레가 8m를 웃돈다. 어른 대여섯 명이 두 팔을 벌려야 겨우 안을 수 있다. 수령 800여 년 됐다고 전해진다. 한눈에 봐도 위엄이 묻어난다.

오래전부터 마을 사람들이 당산제를 지내고 있다. 나무에 전해지는 이야기도 재미 있다. 마을에 살던 한 아낙네가 날마다 이 나무 아래에서 아들의 과거 급제를 빌었다. 아들이 과거시험에 떨어지자, 나무가 시름시름 앓기 시작했다. 이듬해 아들이 과거에 급제하자, 활기를 되찾았다는 얘기다.

넓은 들녘을 앞마당 삼아서 자리하고 있는 엄길마을은 농사를 지으며 사는 전형적인 농촌이다.

출처: 오마이뉴스(20210207) 노래 '영암아리랑'의 본고장, 암각 매향비 반기는 영암 엄길마을

2. 맞이하기: 오두막 시골집

작품 만들기

- 준비물: 잡곡, 오렌지 말린 것, 아몬드, 양초, 집 모형, 동물 피겨, 꽃잎, 식탁 매트 등
- 내용: 가을걷이를 하는 시골집 앞마당을 제작하고 이웃을 환영하는 정겨운 풍경을 표현한다.
- 방법: ① 두 명씩 조를 지어 식탁보나 식탁 매트를 펼친다.
  ② 잡곡을 원형이나 타원형으로 배치한다.
  ③ 잡곡에 피겨와 꽃잎을 배치한다.
  ④ 아몬드로 테두리를 친다.
  ⑤ 가운데 양초를 켠다.

작품에 제목 붙이고 설명하기

긍정적 피드백 나누기

진행자의 관찰 사항

- 참가자들의 심신의 건강 상태를 살핀다.
- 지난 회기에 비해 집단의 응집성 정도를 파악한다.
- 개인활동과 조별활동의 선호도를 파악한다.
- 참가자들의 참여도 수준을 파악한다.

응용작품: 가을걷이하는 시골집 풍경(제작: 이정연)

또아리와 채반, 망태기 등의 친환경 자연소재를 활용하여 시골집 앞마당을 구성하고 가을걷이 한 채소와 곡류를 말리는 장면을 연출해 본다.

너른 평상 위에 고추를 말리는 농가의 모습을 표현하였다. 손수 재배하고 수확한 채소와 과일, 그리고 곡류들을 보며 풍성해지는 살림살이를 엿볼 수 있다. 코스모스를 첨가하여 가을의 계절감각을 더하고, 피겨를 적절히 배치하여 더불어 살아가는 온기를 느낄 수 있다.

가을걷이를 마친 토속적인 시골집의 익숙하면서도 정겨운 풍경을 묘사하였다. 마당에는 맨드라미가 피어 있고, 돌담에는 호박넝쿨이 걸려 있고, 뒷마당에는 장독대가 있으며 동네 주민들이 언제든 놀러 가는 인심 좋은 집이다.

가을 햇볕에 늙은 호박을 말리고 저장하는 시골집에 열심히 살아가고 있는 가족의 모습을 닭으로 비유하였다. 주황색 꽈리와 낙엽들로 가을 분위기를 연출하였다.

감나무가 있는 외할머니 집에서 마당에 곡식을 말리는 모습을 형상화하였다. 말린 표고버섯으로 초가집을 만들고, 단감 껍질로 손자녀의 놀이터를 만들었다.

맞이하기 작품: 오두막 시골집

활짝 열린 넓은 대문은 누구든지 열렬히 환영하는 모습을 의미한다. 함께 모여 맛있는 음식도 나누고 재미있는 이야기를 나누며 즐겁게 지내는 모습을 표현했다.

공동 숲에서 함께 놀다가 각자의 집으로 돌아가서 쉬는 모습을 표현했다.

아이들이 안전하게 놀 수 있는 넓은 모래놀이터와 친구들과 차 한잔할 수 있는 연못 딸린 야외테이블. 마을 한가운데에는 누구나 쉴 수 있는 커다란 느티나무 아래의 넓은 평상이 있다. 쉼이 필요할 때 언제든지 들르세요.^^

출처: 전북영양교사직무연수팀

3. 마음결 고르기: 아몬드 배치하기

작품 1: 아몬드 배열하기

- 준비물: 아몬드, 나뭇잎 등
- 내용: 본 활동에 들어가기에 앞서 마음을 차분히 정돈하기 위해 아몬드를 활용하여 반복적으로 배열한다.
- 방법: ① 한지를 고른다.
  ② 아몬드를 토닥토닥하며 촉감을 체험한다.
  ③ 〈지금-여기〉의 감각에 집중하여 천천히 아몬드를 배열한다.
  ④ 작품을 변형해 가면서 의미 있는 작업을 완성한다.

작품 2: 아몬드 둘레길

- 준비물: 원두커피 또는 아몬드, 기타 소품
- 내용: 동네 산책길을 표현하며 몸과 마음을 평안하게 한다.
- 방법: ① 한지에 잡곡을 편편하게 깐다.
  ② 손으로 토닥토닥한다.
  ③ 마음 가는 대로 자유롭게 둘레길을 구성한다.
  ④ 꽃잎이나 열매, 이파리를 의미 있는 장소에 배치한다.

작품에 제목 붙이고 설명하기

마음결 고르기를 한 후

- 느껴지는 변화가 있는지 살피고 소감을 나눈다.
- 신체변화(호흡, 긴장과 이완)
- 마음상태(안정감, 편안함, 집중력 등)

참고 안전과 위생을 고려하여 볶은 아몬드를 사용한다.

아몬드의 특징

아몬드는 개인이나 소집단에서 작품제작 시 호감이 높은 식재료이다.

- 색: 브라운 계통의 색감은 친근하면서도 심리적 안정감을 준다.
- 질감: 견고하고 부스러지지 않으며, 먼지나 가루가 날리지 않아 다루기에 편하다.
- 형태: 일반적인 꽃 모양이나 피겨 구성에 유리하다. 콩류에 비해 미학적인 형태를 갖추고 있다.

마음결 고르기 작품: 아몬드 둘레길

둘레길은 커피와 함께~

행복으로 가는 둘레길

때론 예측되지 않은 길을 만나도 가볍게 걷다 보면 길은 통한다는 믿음으로 오늘도 핫둘!!

엄마랑 걷는 따뜻하고 행복한 둘레길~♡

피톤치드 뿜뿜 내뿜어 주는 숲 둘레길을 애인과 함께 걸어요.

깊은 숲속 오솔길 따라 걸어 집으로 향해요.

출처: 전북영양교사직무연수팀

참고자료

둘레길

둘레길은 산을 밖으로 둘러싸는 둘레를 도는 길, 또는 도시의 둘레를 도는 길이다. 2007년에 경기관광공사가 과천 서울대공원의 호수 둘레길을 소개하며 최초로 언론에 보도된 신조어이다. 국립공원으로 지정된 산의 둘레길은 산의 정상을 정복하기 위한 탐방 문화를 변화시키고 신체적 약자 또한 국립공원을 편안하게 탐방할 수 있게 유도하는 장점이 있다.

코리아 둘레길

코리아둘레길은 동–서–남해안 및 DMZ 접경지역 등 우리나라 외곽을 하나로 연결하는 약 4,500km의 초장거리 걷기 여행길이다. '대한민국을 재발견하며 함께 걷는 길'을 비전으로 '평화, 만남, 치유, 상생'의 가치를 구현한다.

- **해파랑길**: 부산 오륙도 해맞이공원에서 강원 고성 통일전망대까지 동해안의 해변길, 숲길, 마을길 등을 이어 구축한 총 50개 코스로 이루어진 750km의 걷기여행길이다. '해파랑길'은 동해의 상징인 '떠오르는 해'와 푸르른 바다색인 '파랑', '~와 함께'라는 조사 '랑'을 조합한 합성어이며, "떠오르는 해와 푸른 바다를 바라보며 파도소리를 벗삼아 함께 걷는 길"을 뜻한다.
- **남파랑길**: '남쪽(南)의 쪽빛(藍) 바다와 함께 걷는 길'이라는 뜻으로, 부산 오륙도 해맞이공원에서 전남 해남 땅끝마을까지 남해안을 따라 총 90개 코스로 이루어진 1,470km의 걷기여행길이다.
- **서해랑길**: 전남 해남 땅끝 탑에서 인천 강화를 연결하는 109개 코스, 1,800km의 걷기 여행길로 서쪽(西)의 바다(海)와 함께(랑) 걷는 길을 의미한다.
- **DMZ 평화의 길**: 한반도의 마지막 청정 자연환경을 자랑하는 DMZ 일대를 따라 구축한 총 35개 코스, 510km의 걷기 여행길이다.

출처: 두루누비(한국관광공사가 제공하는 여행 경로 추천 및 정보 플랫폼)

강의

생활습관과 건강

- 장수의 비결/저속노화와 웰빙
- 나의 신체적 나이/심리적 나이/사회적 나이는?
- 나의 일상 루틴은?

우리의 밥 문화

"한국인은 밥심으로 산다"라는 말이 있다. 안부 인사로 "밥 먹었니?", "밥은 먹고 다니니?"라고 말할 정도이다. 이러한 말은 한국인에게 있어서 밥은 주식 이상으로 삶의 원동력을 의미한다고 볼 수 있다. 한국은 예로부터 농업을 중심으로 발전해 온 농경 사회이다. 특히 벼농사가 주요 산업으로 자리 잡으면서 밥은 자연스럽게 한국인의 주식이 되었다. 쌀로 지은 밥은 단순한 음식이 아니라 생존의 필수 요소였고, '따뜻한 밥 한 끼'는 하루를 이어 나가는 에너지원이었다.

"밥 먹고 힘내라." "밥이 보약이다."

이처럼 밥은 단순한 음식 그 이상이며, 보릿고개가 있던 시절, '하얀 쌀밥'은 살림살이가 넉넉한 집안을 상징하기도 하였다. 또한 '함께 먹는 밥'은 정을 나누는 행위로 여겨져 밥을 나누는 것을 통해 친밀감과 유대감을 느끼고, 인간관계를 돈독하게 하므로 밥을 사 주는 것도 정과 배려의 표현이었다.

그러나 현대 사회에서는 빠르게 변화하는 생활 방식, 가족 구조, 기술 발달 등에 따라 한국의 전통적인 밥 문화도 많이 달라졌다. 1인 가구가 증가하면서 혼자 식사하는 혼밥 문화가 자연스러워지고, 바쁜 일상 속에 다양한 먹거리가 등장하면서 삼시세끼를 차려 먹는 식습관은 즉석밥, 분식, 간편식(밀키트), 배달음식에 밀려나 예전의 밥상을 그대로 답습하는 일이 줄어들고 있다. 요즘은 식사도 SNS 콘텐츠가 되어 맛집 공유, 먹방 콘텐츠, 요리 영상 등이 식생활에 영향을 주고 있어 '무엇을 먹느냐'뿐 아니라 '어떻게 보여 주느냐'도 중요한 요소가 되고 있다.

우리나라 쌀 소비 실태 변화

우리나라에서는 오래전부터 쌀 중심의 식생활을 여전히 유지하고 있으나, 여러 환경 변화와 함께 쌀의 소비 실태도 변화하고 있다. 1인당 연간 쌀 소비량은 1970년에 136.4kg으로 통계 작성 이후 가장 많은 소비량을 기록하였다. 그러나 1980년대부터 본격적으로 감소 추세가 시작되어 2022년에는 최고치의 절반을 밑도는 56.7kg까지 줄어든 것으로 나타난다.

쌀의 소비 형태도 과거에는 가구 내에서 주로 소비가 이루어졌다면, 요즘에는 외식, 가공품의 소비가 늘어났다. 특히 코로나19 시기를 겪으면서 배달을 포함한 외식 형태의 소비가 자리 잡았으나 가구 내 소비(이하 내식)와 외식 간 쌀 소비 현황을 확인할 수 있는 관련 통계는 부재한 실정이다. 일부에서 쌀 대체식품 소비의 증가, 다양한 외식 형태 등 최근의 의식 환경 변화를 근거로 들어 외식의 쌀 소비량이 내식보다 적을 것으로 추론하고 있을 뿐이다. 그러나 이러한 주장은 객관적인 통계 자료가 부족한 상황에서 할 수 있는 합리적 추론이며, 실제 분석가능한 자료를 이용하여 확인할 필요가 있다.

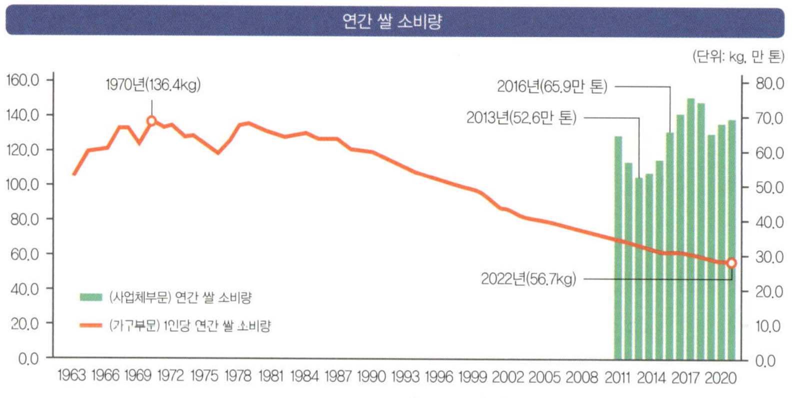

자료: 통계청, 양곡소비량조사(1963~2022년)

2002년 미국의 타임지에서 선정한 '세계 10대 슈퍼푸드'

'슈퍼푸드(Super Food)'란 미국 식품영양학 분야의 최고 권위자인 스티븐 G. 프렛 박사에 의해 언급된 말이다. 슈퍼푸드란 각종 영양소가 풍부하고 콜레스테롤이 적은 식품, 인체에 쌓인 독소를 해독하고 활성산소를 제거하는 항산화 작용을 하는 식품, 면역력을 증가시키고 노화를 억제시키는 식품을 말한다.

2024년 미국 영양사가 뽑은 10대 슈퍼푸드에는 면역력에 도움이 되는 발효음식(요구르트, 김치, 콤부차), 블루베리, 씨앗류(치아시드, 햄프씨), 아보카도, 견과류(아몬드, 호두), 녹차, 콩과식물(렌틸콩, 병아리콩, 강낭콩), 버섯, 고대 곡물(퀴노아, 아마란스), 연어가 있다.

참고자료

나의 식생활

일주일간 자신의 식생활은 대체로 어떤지 다음 문항에 각각 체크해 보고 평가해 봅시다.

문항	2일 이하	3~5일	6~7일
규칙적인 시간에 3끼 식사를 한다.	1점	3점	5점
매끼 골고루 식사를 하며 편식하지 않는다.	1점	3점	5점
아침 식사는 꼭 먹는다.	1점	3점	5점
식사량은 언제나 적당히 한다.	1점	3점	5점
즐거운 마음으로 여유 있게 식사를 한다.	1점	3점	5점
1일 2끼 이상 고기, 생선, 달걀, 콩, 두부 중 하나라도 섭취한다.	1점	3점	5점
녹황색 채소(당근, 시금치 등)를 섭취한다.	1점	3점	5점
식물성 기름(들기름, 식용유 등)이 첨가된 음식을 섭취한다.	1점	3점	5점
우유나 유제품(요구르트, 요플레)을 먹는다.	1점	3점	5점
과일이나 과일주스(무가당)를 섭취한다.	1점	3점	5점
해조류(미역, 김, 다시마 등)를 섭취한다.	1점	3점	5점
거의 매일 외식을 한다.	5점	3점	1점
매일 가공식품(라면, 과자 등)을 먹는다.	5점	3점	1점
매일 동물성 기름이나 콜레스테롤이 많은 음식을 먹는다.	5점	3점	1점
매일 짠 음식(젓갈, 장아찌 등)이나 화학조미료를 섭취한다.	5점	3점	1점
매일 단 음식(설탕, 꿀, 엿, 콜라, 단 빵 등)을 섭취한다.	5점	3점	1점
매일 카페인(커피,차류 등)이 든 음식을 하루 3잔 이상 마신다.	5점	3점	1점
매일 과음 및 잦은 음주를 한다.	5점	3점	1점
매일 담배를 피운다.	5점	3점	1점
규칙적인 운동을 거의 하지 않는다.	5점	3점	1점
총점	점		
☞ 당신의 식습관은 (　　　　)점입니다.			

점수	식습관
20~49점	당신은 식습관이 나쁜 편입니다. 나쁜 식습관은 만성질병을 일으킬 수 있습니다. 식생활 전문가와 상담을 하시기 바랍니다.
50~79점	당신은 식습관이 보통입니다. 좋은 식습관도 있지만 그렇지 않은 부분도 있습니다. 더 좋은 식생활을 위해 노력이 필요합니다.
80~100점	당신은 식습관이 좋은 편입니다. 현재와 같은 식습관을 유지하시고 잘못된 항목에 대해서 습관을 교정하시기 바랍니다.

건강한 식생활을 실천해요! / '한국인을 위한 식생활 지침'(보건복지부, 2021.4.14.)

1. 매일 신선한 채소, 과일과 함께 곡류, 고기 · 생선 · 달걀 · 콩류, 우유 · 유제품을 균형 있게 먹자.
2. 덜 짜게, 덜 달게, 덜 기름지게 먹자.
3. 물을 충분히 마시자.
4. 과식을 피하고, 활동량을 늘려서 건강 체중을 유지하자.
5. 아침식사를 꼭 하자.
6. 음식은 위생적으로 필요한 만큼만 준비하자.
7. 음식을 먹을 땐 각자 덜어 먹기를 실천하자.
8. 술은 절제하자.
9. 우리 지역 식재료와 환경을 생각하는 식생활을 즐기자.

'오늘의 브런치' 사이트 안내

생활, 살림, 테라피, 푸드아트테라피에 관련 있는 영상자료를 제공하는 채널. / 자연주의 콘셉트로 심신의 힐링과 치유를 목표로 한다.

"아침은 예쁘게"
"점심은 맛있게"
"저녁은 간단히"

출처: https://www.youtube.com/@lemontree1023

4. 본 활동: 나의 식생활 습관

작품 만들기

- 작품명: 나의 식생활 습관
- 준비물: 검은 부직포, 잡곡류 등
- 내용: 현재 나의 식생활 습관을 재현하고 바람직한 식생활 습관을 재구성한다.
- 방법: ① 마음에 드는 부직포를 고른다.
  ② 잡곡을 배분하여 일상적인 식생활관 행동을 표현한다.
  ③ 균형/불균형을 탐색한다.

작품에 제목 붙이고 설명하기

작품 재구성하기

① 식생활 습관 중 개선할 부분을 표현한다.

② 나에게 하고 싶은 말은 무엇인지 발표한다.

③ 긍정적인 피드백을 나눈다.

〈활동 예시〉

탄수화물 위주의 주식과 간식을 섭취한다.

단백질과 채소 섭취를 늘리고, 간식으로 견과류를 먹는다.

제작: 이정연

아침은 믹스커피 한잔을 먹고, 점심 식사 전까지 비스킷 등으로 군것질을 계속하다 점심은 입맛이 없어 적게 먹고, 배고파서 저녁은 폭식한다.

점심 전까지 군것질을 줄이고 아몬드 등 견과류를 먹고 커피보다는 차를 즐겨 점심과 저녁을 맛있게 적당량 먹는다.

제작: 조수진

우울하거나 힘들 때는 몸과 마음에 좋지 않다는 것을 알면서도 폭식을 한다. 나에게 스트레스를 주고 마는 식습관이다.

내가 지금 먹는 음식과 마음가짐이 미래의 내가 됨을 알게 되었고, 몸과 마음을 가꾸어야 한다는 생각을 한다.

제작: 오유미

작품 제작: 나의 식생활 습관

나는 TV도 많이 보며 커피를 좋아합니다.
아침밥을 먹고 커피 마시면서 TV도 보고 제일 행복한 것 같아요.

나의 휴식시간은? 밤 10시다!
하루 일과를 다 마무리하고 씻고 누우면 모든 게 지나간다. 내일을 위해 반성과 충전할 시간이다.

나는 아침형
항상 5시만 되면 일찍 일어납니다. 새벽부터 내가 좋아하는 요리를 합니다. 청소, 빨래 등 일찍 다 해 놓으니 오후엔 여유가 있어 운동 등 취미 생활을 합니다. 나의 하루를 식재료로 이렇게 해 보니 새삼 신기하고 재미있었습니다.

나의 생활습관
웰니스푸드테라피학과를 다니면서 음식을 배우고 어떻게 관리하는지 알게 되었습니다. 음식습관을 잘 실천하여 건강이 많이 좋아졌습니다.

출처: 안산대학교

작품 제작: 식생활 습관 개선하기(1)

군것질 위주의 식습관에서 탄단지를 갖춘 영양식으로!

먹고 싶을 때만 간단히 먹었던 나에서 나를 사랑하는 만큼 골고루 규칙적으로 우아하게 먹는 것을 실천 중!

커피러버 라이프를 웰빙 야채와 콩 위주의 식생활로 바꿈.

건강을 위해 식습관을 변화하기~^^

아침 점심 저녁 양과 영양 골고루!
야식을 맥주 대신 우유 마시기로 개선

나의 하루를 가뿐하게 시작하는 식사는 소화가 빠른 과일과 채소. 갱년기 이후 약해진 위를 위하여 먹는 양은 줄이기.

출처: 전북영양교사직무연수팀

작품 제작: 식생활 습관 개선하기(2)

폭식은 그만!
앞으로 균형 잡힌 식사하기

좋아하는 것만 먹었던 편식 위주의 식습관을 싫어하는 것도 먹어 보려고 노력하는 식습관으로 개선하기

나에게 부족한 영양 견과류와 채소 과일로 건강하고 행복해지자.

단백질 위주 식습관에서 식품군을 골고루 섭취하는 균형식으로 개선하기

식품구성탑처럼 균형 잡힌 식생활 실천하기

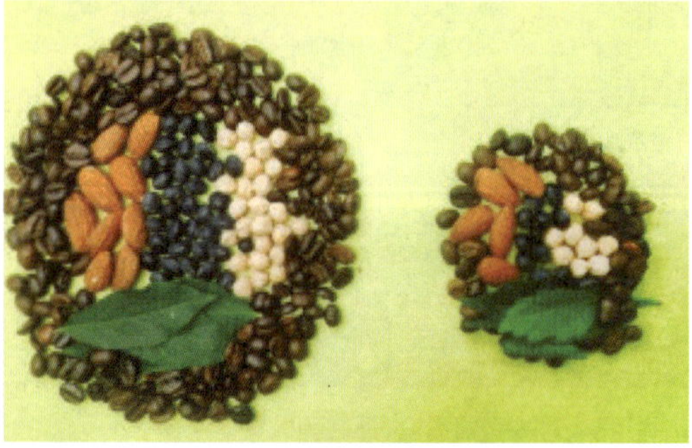

대식가에서 소식가로^^.

출처: 전북영양교사직무연수팀

참고자료

내 몸을 지키는 착한 탄수화물

건강을 위해 탄수화물을 끊어라? '착한 탄수화물'을 먹어라!

출처: https://www.youtube.com/watch?v=Xoo9uHP7Y00, MBN 명사수

통곡물 섭취는 당뇨병 위험을 낮추는 데 도움을 준다는 연구 결과 나왔다

네덜란드 에라스무스대와 미국 하버드 공중보건대 공동연구팀은 20만 명 이상의 성인을 대상으로 연구를 진행했다. 연구팀은 이들이 평소 탄수화물을 고품질 탄수화물(호밀, 귀리 등 통곡물)로 섭취하는지, 저품질 탄수화물(정제된 곡물, 단 음식 등)로 섭취하는지 조사한 후 추적 관찰했다. 연구 결과, 고품질 탄수화물 섭취량이 많은 사람은 저품질 탄수화물 섭취량이 높은 사람보다 제2형 당뇨병에 걸릴 위험이 낮았다. 통곡물은 쌀과 같은 정제된 곡물보다 소화되는 속도가 느려 혈당을 천천히 높인다. 반면, 정제된 곡물은 혈당을 급격히 올려 당뇨병을 유발하거나 악화시킬 수 있다.

출처: https://m.health.chosun.com/svc/news_view.html?contid=2020060303172, 헬스조선

매일 먹는 밥, 통곡물로 바꾸면 혈압 떨어지고 체중감소

통곡물로 밥을 먹으면 장수에도 도움이 된다. 미국 하버드대 의과대학 연구팀이 1990년대 중반부터 2009년까지 미국인 37만 명을 추적 조사한 결과 정제된 탄수화물 대신 통곡물을 많이 먹은 사람들은 수명이 늘어나는 것으로 나타났다. 연구팀의 루치 박사는 "통곡물을 많이 먹으면 체중을 줄이는 데에도 도움이 되는 것으로 나타났다."라며 "비만하거나 앉아 있는 시간이 많은 사람도 통곡물의 효과를 얻을 수 있다."라고 말했다. 또한 통곡물에 있는 섬유질을 많이 섭취한 사람들은 적게 먹은 사람에 비해 조사 시간 동안 사망할 확률도 17% 낮은 것으로 나타났다.

출처: https://m.health.chosun.com/svc/news_view.html?contid=2015032702547, 헬스조선

참고자료

건강한 탄수화물 vs 나쁜 탄수화물

건강한 탄수화물 vs 나쁜 탄수화물

탄수화물은 날이 갈수록 한국인의 미움(?)을 받고 있다. '탄수화물 중독', '다이어트의 적' 등의 오명을 얻으며 탄수화물은 적게 먹어야 한다는 인식이 늘고 있다. 하지만 탄수화물은 뇌세포를 활동하게 하는 유일한 에너지원이다. 탄수화물을 무조건 제한하면 뇌세포까지 가는 에너지가 줄어 뇌 기능이 떨어지며, 저혈당, 기력저하, 신경과민 등을 일으킬 수 있다. 문제는 탄수화물의 섭취량과 종류이다. **핵심은 바로 좋은 탄수화물을 골라 먹는 것이다.**

탄수화물은 '단순당'과 '복합당'으로 구분된다. 단순당에는 포도당, 과당, 맥아당, 젖당 등이 있으며, 복합당은 단당류가 여러 개 결합한 탄수화물로 식이섬유소와 올리고당, 녹말이 대표적이다.

'**건강한 탄수화물**', 즉 복합당의 '좋은 탄수화물'은 혈당을 천천히 올려 인슐린을 정상적으로 분비하게 만든다. 영양소도 풍부하게 갖추고 있어 건강에도 좋다. 비타민이나 무기질이 풍부하며, 특히 식이섬유 함량이 높아 우리 몸의 나쁜 콜레스테롤 수치를 낮춰 준다.

또한 복합 탄수화물은 단순 탄수화물과 반대로 다이어트에도 도움을 줄 수 있다. 대부분의 사람이 다이어트 중에는 무조건 탄수화물을 먹지 않으려 하지만 나쁜 탄수화물을 줄이고 건강한 탄수화물을 골라 먹는 것이 필요하다. 이는 영양성분을 공급해 주면서 식이섬유가 풍부해 포만감을 주고, 배고픔을 덜 느끼게 만들기 때문이다. 또 다이어트 시 발생할 수 있는 변비 해소에도 좋다.

출처: https://www.realfoods.co.kr/article/1369205, 리얼푸드매거진

3회기

황금연못

활동명	황금연못	
활동목표	• 생태 감수성을 증진한다. • 100세 시대를 위한 슬기로운 취미 생활을 계획한다.	
준비물	기본 푸드키트, 동영상, 돌, 이끼, 다육이, 쌀과자, 크림치즈 또는 생크림, 오이 또는 방울토마토, 건과일, 허브 등	
단계(시간)	활동내용	활동사진
들어가기 (30분)	▣ 워밍업 • 영상자료: 중년의 BTS '아저씨즈' • 100세 장수시대, 어떤 변화가 찾아오고 있는가? • 나의 황금연못을 지키는 세 가지 발표하기	
맞이하기 (30분)	▣ 강의: 테라리움 ▣ 미니 테라리움 • 서로에게 인사하기 • 두 명씩 조를 지어 상대방을 환영하는 작품 만들기 • 작품의 의미 발표하기 • 긍정적 피드백 나누기	
마음결 고르기 (30분)	▣ 강의: 생태 감수성 ▣ 잡초 사랑 • 잡초에 관한 이야기 나누기 ▣ 잡초 배열하기 • 작품 만들기 • 작품에 제목 붙이고 설명하기 • 마음결 점검하기	

단계(시간)	활동내용	활동사진
본 활동 (70분)	▣ 작품명: 해변가 코디네이션 • 여름철 해변가에서 피서를 즐기는 모습 만들기 • 작품의 제목을 붙이고 설명하기 • 긍정적 피드백 나누기	
	▣ 작품명: 핑거푸드 • 핑거푸드의 다양한 식재료와 종류 알아보기 • 쌀과자를 준비해서 크림치즈, 오이 등을 토핑하기 • 긍정적 피드백 나누기 • 핑거푸드 나누어 시식하기	
마무리 (20분)	▣ 소감 나누기 • 오늘 활동한 내용 나누기 • 활동하면서 새롭게 알게 된 점이나 느낀 점을 말하기 • 뒷정리하기	
유의사항	자갈을 세척하여 사용한다.	

1. 들어가기

영상자료: MZ 세대의 문화를 즐기는 중년의 BTS '아저씨즈'

2019년 결성된 시니어모델 그룹 '아저씨즈'는 평균 65세로 20년 넘게 봉제 완구 제품을 판매해 온 자영업자, 용접공으로 계속 일하며 모델 활동을 병행하거나, 보험회사 직원, 대기업 출신 등 다양한 배경을 갖고 있다.

출처: https://www.youtube.com/watch?v=4h-bFIokNew, JTBC Life 다큐초이스

100세 장수시대, 어떠한 변화가 찾아오고 있는가?

"80세 시대 생애주기 벗어나 새로운 삶이 시작된다."

인생 100세 시대를 눈앞에 둔 현시점에서 생애주기에 대한, 그리고 노년층의 사회적 역할에 대한 인식의 대전환이 필요하다. 과거 노인에 대한 부정적 이미지의 대명사 격으로 '뒷방 늙은이'란 표현이 쓰이기도 했다. 그러나 100세 시대에는 노인이 나앉을 뒷방을 상상도 못하게 된다. 50대에 정년퇴직하고 어느덧 100세가 돼 백수 잔칫상을 받은 노인이 퇴직 후 죽을 날만 기다리며 허송세월한 50년이 한이 돼 대성통곡했다는 이야기는 더 이상 우스갯소리가 아닌 현실이 되고 있다. 70대 혹은 80대 어르신들에게 던져 주는 함축적 의미가 큰 이야기다. 100세 시대에는 지금까지 관례적으로 여겨 왔던 생애주기에서 과감히 탈피하고, 새로운 인생 주기를 설정해야 한다. 인생 100세 시대는 어떠한 변화가 찾아오고, 어떠한 의미가 있는지 알아본다.

인생 80세 시대와 100세 시대의 차이점

		80세 시대	100세 시대
고령화	노인에 대한 인식	시혜적 복지의 대상, 사회적 부담, 부정적 인식	생산적 존재, 사회적 자원
	장수의 의미	오래 사는 것(living longer)	잘 사는 것(living well)
보건·복지	고령층 복지 부담자	취업자	취업자와 고령자 공동 부담
	복지형태	수동적 국가 시혜적	개인, 정부, 지역사회의 결합
	노후대비	개인별 준비, 공적연금 보조	공적연금, 개인연금, 퇴직연금 등 다양한 보장체계 구축
교육·고용	교육수요	30대 이전까지 집중	전 세대에 걸친 교육수요
	교육형태	교육, 경제활동, 여가의 직선적 패턴	세대 내에서 교육, 경제활동, 여가의 순환형 패턴
	일자리	세대 간 단절	세대 간 공유
	은퇴	정년제	정년제 약화
	경력	은퇴 이후 종료	은퇴 이후 지속
가족·문화	가족 구성	부부 중심 개념	결혼, 가족 개념 약화, 1인 가구 또는 공동체
	주거	노인 가구 고립	자생적인 노인공동체 형성
	문화 향유	세대별 문화 콘텐츠	세대 구분이 없는 취향별 문화 콘텐츠
산업·금융	산업	대규모 제조업·수출 중심	제조업 쇠퇴, 다양한 수요의 서비스 및 시니어 산업 등장
	금융	재산 증식의 수단	생애주기별 지원 수단

출처: https://www.100ssd.co.kr/news/articleView.html?idxno=21608, 백세시대

인생 100세 시대를 맞아 일에 대한 생각이 바뀌고 있다. 100세까지 산다고 가정할 때, 20대 후반에 취직을 해서 60세에 퇴직한다면 일하는 기간은 30년인 데 반해 은퇴 기간은 무려 40년이나 된다. 부족한 노후 자금 때문에도 그렇지만, 건강을 위해서나 보람 있는 삶을 위해서라도 퇴직 후에 무슨 일이든 하지 않으면 안 된다는 인식이 확대되고 있다. 평균 수명이 70~80세일 때는 '공부-취업-은퇴'라는 삶의 방식이 일반적이었다면, 인생 100세 시대는 '공부-취업-공부-재취업'과 같이 순환형 삶의 방식으로 바꾸지 않을 수 없다는 생각을 하고 있다.

참고자료

초고령사회, 한국

UN은 65세 이상 인구가 전체 인구에서 차지하는 비율이 7% 이상이면 '고령화 사회', 14% 이상은 '고령사회', 20% 이상은 초고령사회로 각각 구분한다. 우리나라의 고령화는 급속히 가속화되어 2024년 말 고령 인구 비중이 20%를 넘는 '초고령사회'에 진입했다.

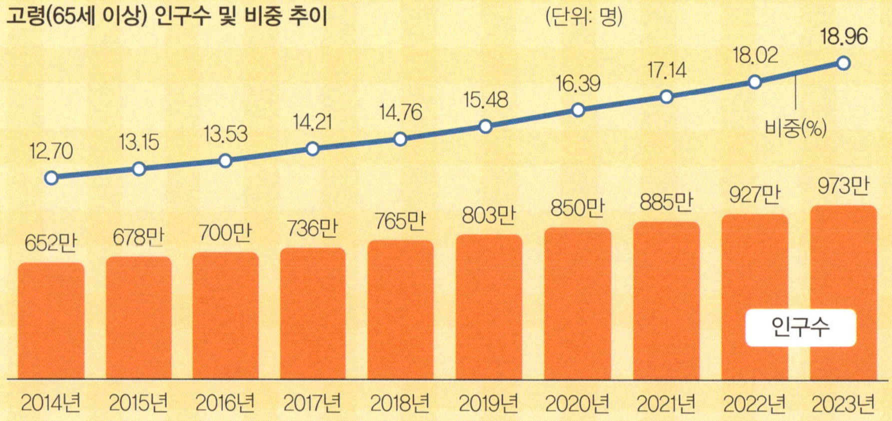

출처: 행정안전부

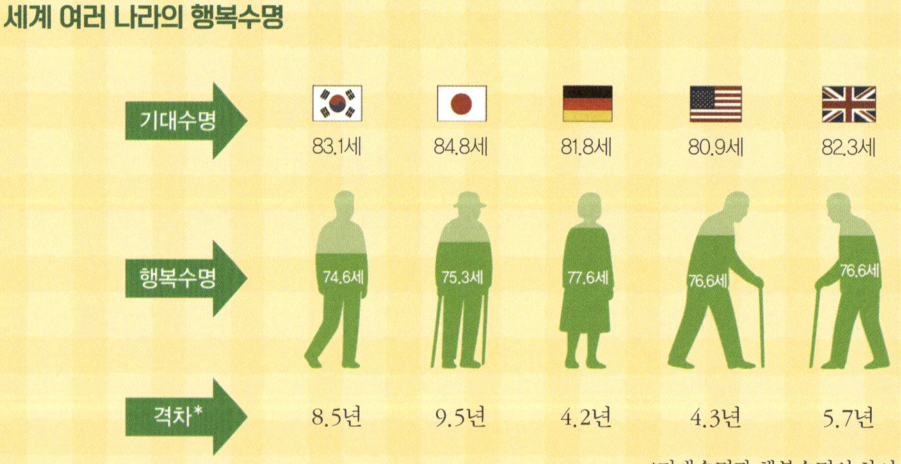

*기대수명과 행복수명의 차이

우리나라 국민은 건강하고 경제적으로 안정되게 살 수 있는 '행복수명'을 74.6세로 기대수명보다 8.5년 짧은 것으로 조사됐다. 기대수명이 실제로 사망까지의 수명을 나타내는 만큼 행복수명과의 차이는 삶은 지속하지만 노후준비 부족 등으로 생애 마지막 8.5년은 행복하지 않을 수 있다고 본다.

발표하기

나의 황금연못을 지키는 세 가지는?

"1,000만 노인 시대, 우리는 어떤 삶을 살아갈 것인가?"

라이프 스타일 관점에서 봐야 시니어의 삶을 제대로 조망해 볼 수 있다. 사람의 삶의 조건을 3가지 축으로만 정의한다면, '현금흐름(돈), 건강, 시간'을 들 수 있다. 나이가 들어감에 따라 현금흐름의 구조는 변한다. 일반적으로 다수의 수입원이 되는 근로소득의 규모는 상대적으로 줄어들게 되며, 노인의 국민연금, 기초연금 등 공공기관에서 개인에게 지급하는 소득인 공적이전소득은 약 26%에 달한다. OECD 평균 공적이전소득 약 57%에는 훨씬 밑도는 수준이지만, 노인의 삶에 있어 근로소득의 비중을 일부 대체하는 소득원이다. 건강에서도 기대수명은 평균 83세지만, 건강수명은 73세다. 건강수명은 기대여명에서 질병과 사고 등으로 인해 일찍 죽거나 건강하고 생산적인 삶이 손상된 기간을 빼고 계산한 건강한 인간으로서 살아가는 기간이다. 기대수명에서 건강수명을 뺀 약 10년은 건강문제를 안고 살아가는 시기이다. 무엇보다 시간이라는 관점에서 보면, 시니어의 삶은 보다 근원적인 문제에 부딪힌다. 상대적으로 일이 줄어들고, 남은 시간을 여가로 대체하는 것이다. 또한 이전보다 줄어든 이동 동선과 사회관계망에서 고립되지 않도록 하는 과제가 주어진다. 줄어든 현금흐름과 건강자산을 가지고, 시간자산을 증대시키는 것이 쉬운 일은 아니다. 일반적으로 움츠러들기 쉽고 외로운 시간으로 채워지기 쉽다. 보다 세밀하게는 '개인적 인연, 사회적 인연, 배움, 나눔, 영성, 유산, 평생학습, 디지털 라이프, 정서적 건강, 소통과 공감 등'이 시간자산을 구축할 영역이다.

출처: https://product.kyobobook.co.kr/detail/S000211613672, 교보문고『시니어트렌드 2024』

나의 황금연못을 지키는 세 가지는 무엇인가요?

나의 황금연못은 우리나라를 빠짐없이 여행 다니는 것이다. 백두산, 독도, 서해안 쪽, 남해안 쪽, 구석구석 한 곳도 빠짐없이 남편과 함께 캠핑카를 몰고 놀러 다니려고 계획 중이다.

노후 전원을 꿈꾸고 있다. 노후에는 조용히 살고 싶은 마음에 돌담을 만들고 채소도 키우고 동물도 키우면서 살고 싶다.

1. 운동과 건강
2. 노후 친구와 짝꿍과 여행 다니며 살고 싶다.
3. 지금 벌 수 있을 때 벌어 놓은 후에 조금이라도 풍성하게 지내고 싶다.

출처: 안산대학교

강의

테라리움

테라리움(Terrarium)은 식물과 미생물이 자생하는 생태계를 재현한 공간으로, 주로 밀폐된 유리 용기 안에서 운영된다. 이 용어는 라틴어에서 유래되었으며, "terra"는 땅을, "arium"은 장소를 의미한다. 즉, 테라리움은 땅을 담고 있는 공간이라는 뜻이다.

테라리움의 종류

- 오픈 테라리움: 공기가 자유롭게 순환할 수 있는 구조로, 주로 습도가 낮은 식물에 적합하다.
- 클로즈드 테라리움: 밀폐된 환경으로, 습도가 높고 자가 수분 순환이 이루어져 식물이 잘 자랄 수 있다. 이 방식은 주로 열대 식물에 적합하다.

테라리움의 장점

- 실내 장식: 테라리움은 실내에서 자연을 느낄 수 있는 좋은 방법으로, 인테리어 소품으로 인기가 높다.
- 유지 관리 용이: 비교적 적은 관리로도 식물을 기를 수 있어, 바쁜 현대인들에게 적합하다.
- 실내에서 자연을 느끼고 싶거나, 관리가 용이한 식물을 기르고 싶은 분들에게 적합한 선택이다.

오픈 테라리움	클로즈드 테라리움(제작: 이정연)

수태를 활용한 후마타 테라리움	화장품 용기를 활용한 잡초 테라리움

채소 테라리움(제작: 이정연)	

응용 작품: 미니 테라리움

- **준비물**: 돌, 흰 자갈1호, 검은콩, 다육이, 수국 조화, 피겨, 울타리, 양초, 피겨 등
- **내용**: 변화하는 아열대 기후에 맞게 미니 테라리움을 만들고 차를 마신다.
- **방법**: ① 쟁반에 자갈을 깐다.
  ② 돌을 배치하고 울타리를 친다.
  ③ 다육이와 조화로 장식한다.
  ④ 피겨를 적당한 곳에 배치한다.
  ⑤ 양초를 켠다.

참고
- 자갈을 세척하여 사용한다.
- 쟁반 한가운데 종이컵이나 소스 그릇으로 연못을 만들어 보는 것도 좋다.
- 자갈 대신 검은 색이나 붉은색의 화산석을 배치하면 더욱 멋있다.

출처: 2022년 한국푸드아트테라피학회 정기 워크숍

출처: https://youtu.be/5fO1D_Yj6l0, 내츄럴팟 테라리움 DIY키트

2. 맞이하기

작품 만들기

- 작품명: 미니 테라리움
- 준비물: 종이행주, 검은 돌(검은콩), 자갈, 피겨, 미니 그릇, 이끼, 미니화분 등
- 내용: 실내에서도 기를 수 있는 음지 반려식물을 재배하면서 생명력을 체험한다.
- 방법: ① 두 명씩 조를 지어 상대방을 환영하는 작품을 제작한다.
  ② 종이행주를 깔고 검은 돌이나 검은콩을 배치하고 나뭇잎을 장식한다.
  ③ 가운데 자갈을 깔고 피겨를 배치한다.
  ④ 미니 그릇이나 화분에 잡초를 담는다.
  ⑤ 차와 간식을 준비한다.
  ⑥ 작품의 의미 발표하고 긍정적인 피드백을 나눈다.

참고 야외에서 채집한 이끼는 베이킹소다 희석액에 잠깐 담가서 방역하여 사용한다.

작품에 제목 붙이고 설명하기 & 긍정적 피드백 나누기

응용 미니 테라리움(제작:이정연)

자연광이 들어오는 야외 테라스에서 주변의 자연물을 활용하면 계절감각이 더 살아나는 멋진 맞이하기 체험이 될 수 있다.

① 준비물

② 화산석 배치하기

③ 꽃잎 배치하기

④ 미니 테라리움 배치하기

맞이하기 작품: 미니 테라리움

출처: 전북영양교사직무연수팀

참고자료

키우기 쉬운 반려식물

<table>
<tr><td>다육이</td><td></td><td>다육식물은 정말 다양한 종류가 있으며 아름다운 외관으로 기르는 재미가 있다. 이 식물들은 물 빠짐이 좋은 흙에서 기르며, 직사광선 아래에서도 잘 자란다. 물을 주는 빈도는 적지만 통풍이 잘되는 창가에 두면 더 좋다.</td></tr>
<tr><td>산세베리아</td><td></td><td>산세베리아는 강한 생명력을 가지고 있어 초보자도 쉽게 기를 수 있다. 이 식물은 조도가 낮은 환경에서도 적응력이 뛰어나며, 물 빠심이 좋은 화분에서 기르는 것이 최선이다. 너무 자주 물을 주면 뿌리가 썩을 수 있으니, 흙 위가 마른 후에 물을 주는 것이 좋다.</td></tr>
<tr><td>틸란드시아
이오난사</td><td></td><td>흙 없이 자라는 식물이지만 잎, 줄기, 꽃을 모두 갖고 있다. 흙 없이 공기 중에 있는 수분을 흡수해서 성장하기 때문에 키우기가 쉽다. 식물 중심에 자리 잡은 생장점에 물이 고여 있으면 썩을 수 있어 물기를 잘 말려 줘야 한다.</td></tr>
<tr><td>보스턴고사리</td><td></td><td>실내에서 풍성한 수풀 느낌을 내는 보스턴 고사리는 원산지가 열대지역으로 부드럽고 습도가 높은 숲이나 습지에서 서식하므로 물을 자주 주고, 분무도 자주 해 준다. 키우기 쉽고 공기정화, 가습효과를 준다. 수경재배도 가능하다.</td></tr>
<tr><td>스투키
(굵은무늬형)</td><td></td><td>공기정화 능력이 있으며 전자파 차단 효과가 있어 컴퓨터 옆이나 TV 옆에 두면 좋다. 다육식물과로 많은 물이 필요로 하는 식물이 아니어서 한 달에 한 번 정도 주는 것이 좋다. 햇빛이 은은하게 들어오는 간접광이 좋으며, 잎이 상할 수 있기에 직사광선은 피해 준다.</td></tr>
</table>

3. 마음결 고르기

강의

생태 감수성

1. 생태 감수성의 정의

- 환경 감수성을 포괄하여 인간 외의 존재들, 즉 자연의 존재들을 주체로 보고 자연을 존중하고 이들이 자연 상태에서 존재할 수 있는 권리를 인정하는 자세
- 자연에 대한 지식을 익히고, 자연의 아름다움을 느끼며, 지구 온난화 · 쓰레기 처리 · 동물 보호 · 공정 무역 · 재생 에너지 등의 문제에 관심을 기울여 생태 전환을 위해 노력하는 태도

2. 생태 전환교육

인간을 생태계를 구성하는 일부분으로 보고 인간을 포함한 생태계 자체의 건강성 회복과 조화로운 생활양식의 실천을 강조한 교육

3. 생태 감수성 교육

생물 다양성을 귀하게 여기는 감수성, 일상의 행동에서 지구를 떠올릴 수 있도록 감수성을 기르는 교육

4. 생태 감수성 기르기

- 첫째, 생태 학습 경험하기: 생태를 직접 관찰하거나 야외 학습 등을 통해 생명에 대한 긍정적인 감정을 기르도록 한다. 가정에서 동식물을 기르기, 텃밭 가꾸기, 자연에서의 놀이, 직접 자연의 생명을 관찰하고 돌보기 등
- 둘째, 생태 지식 쌓기: 생태 지식으로 물의 순환이나 동식물의 습성, 자연과 인간의 조화, 자연재해의 원인과 예방, 재생 에너지와 지구 온난화 등 생태에 관심을 갖고 관련 책을 읽거나 영상을 보기, 직접 관찰 등
- 셋째, 생태 중심적 태도 갖기: 자연을 인간을 위한 도구나 인간을 둘러싼 환경으로 보는 게 아니라 자연 친화적인 마음으로 나와 생태와 사회와의 관계를 이해하기, 생태 중심적으로 판단하기
- 넷째, 그림책으로 생태 감수성 기르기: 생태와 관련된 주제를 다룬 그림책 읽기

3. 마음결 고르기(1): 잡초 사랑

길가에 피는 이름 모를 꽃들도 무심하고 모르면 잡초지만 알고 보면 아름다운 야생화이다. 산에 가거나 길을 걸을 때 주변을 잘 살펴보면 걷는 길이 흥미롭고 즐거울 것이다. 잡초는 농사에 적처럼 생각되지만 잡초가 없는 농사는 상상할 수 없다. 이 잡초들이 잘 자라서 궁극에는 토양을 살찌우는 퇴비가 되고 많은 동물과 가축들의 먹이가 되기 때문이다. 이런 잡초를 사랑하지 않을 수 있을까?

잡초 ZONE 구획을 정해 놓고 잡초를 뽑지 않는다. 잡초꽃들을 감상하기 위해서 잡초가 마음껏 자랄 수 있게 한다. 이름 모를 잡초꽃들도 앙증맞고 예쁘고 사랑스럽다.

잡초 바라보기 명상

① 마음에 드는 잡초를 하나 고른다(사진으로 대체 가능).

② 느린 호흡을 하며 물끄러미 잡초를 바라본다.

③ 잡초에게 마음속으로 사랑의 메시지를 보낸다.

잡초의 미학

길가 모서리에서 자라는 잡초를 활용해 식탁을 장식해 보면 어떨까? 그전에는 알지 못했던 섬세한 이파리들을 자연스럽게 놓아 보고, 바구니에도 담아 보고, 간단한 다과상을 차려 보면, 삭막한 공간이 어느새 아름다운 숲으로 들어선 것처럼 싱그러워진다. 봄을 제일 먼저 여는 잡초의 강인함을 다시 한번 느끼며, 그들의 존재감을 감상해 본다.

잡초를 보는 새로운 시각

〈영상 자료〉

출처: https://www.youtube.com/watch?v=qTPgBVDWchE

이 세상에 없어져야 할 생명이 있을까? 뽑고, 자르고, 태우고, 밟고, 독한 화공약품을 살포하는 모진 공격과 예측할 수 없는 불안한 환경에도 세상을 점령해 가는 식물이 있다. 바로 잡초이다. 쓸모없어 제거해야 할 대상으로 인식되지만, 사실은 번식을 위해 곤충을 유혹하는 교묘한 전략까지 펼치는 생태계의 파수꾼이다. 잡초의 무한한 매력과 존재의 의미를 알아본다.

출처: https://www.youtube.com/watch?v=17aVHssQR5k

잡초의 다양한 활용법과 흙의 중요성을 새롭게 이야기한다. 오랜 세월 무시해 온 잡초가 실제로는 농사에 도움을 주고 있음을 발견하고, 이를 연구하고 활용하는 새로운 가능성이 열리고 있다. 또한 지구의 토양 생태계가 인류에게 제공하는 중요성과 환경 오염에 따른 위협을 다룬다.

출처: https://www.youtube.com/watch?v=oXWyKmRyTpo

잡초 중에도 인간에 이롭고 맛도 좋은 것들이 있다. 잡초의 재발견, 잡초를 이용한 샐러드를 만들어 본다.

〈관련 도서〉

철 따라 즐기며 건강을 먹자! 약이 되고 찬도 되는 50가지 잡초 음식을 소개한『숲과 들을 접시에 담다』이다. 잡초에 대한 편견을 버리게 해 주는 잡초철학과 우리가 밭에서 일상적으로 만날 수 있는 잡초를 먹을 수 있는 조리방법과 약재로서 사용하는 방법을 세밀화와 함께 소개한다.

변현단 글 · 안경자 그림/들녘/2010년

3. 마음결 고르기(2): 잡초 배열하기

작품 만들기

- 준비물: 다양한 잡초, 김말이, 머핀컵, 피겨, 들꽃, 미니컵, 미니 플라스틱 통, 핀셋 등
- 내용: 주변에 흔히 발견되는 잡초에 대한 관심과 애정을 표현한다.
- 방법: ① 김말이를 펼친다.
  ② 다양한 잡초를 손질해 둔다.
  ③ 핀셋으로 잡초를 천천히 배열한다.
  ④ 주변에 잡초나 쑥잎을 뜯어 미니컵 등에 담아 꽂꽂이를 한다.
  ⑤ 들꽃으로 장식한다.
  ⑥ 마음에 드는 피겨를 배열한다.

작품에 제목 붙이고 설명하기

마음결 고르기를 한 후

- 느껴지는 변화가 있는지 살피고 소감을 나눈다.
- 신체변화(호흡, 긴장과 이완)
- 마음상태(안정감, 편안함, 집중력 등)

마음결 고르기 작품: 잡초 배열하기(제작: 조수진)

주변에서 이름 모를 풀을 뜯어 가지런히 놓아 보았다. 펼쳐 놓고 보니 예술 작품처럼 한 줄기, 한 잎이 작고 가녀리지만 강한 생명력이 느껴진다.

광대나물 이파리를 펼쳐 놓으니 부채 모양, 불꽃 모양, 공작이 날개를 펼치고 있는 모양이 보인다. 잎사귀 한 잎, 검은콩 하나씩 놓다 보니 잡생각이 사라지고 마음이 편안해진다.

다른 종류의 잡초를 잎사귀, 줄기, 꽃 등을 관찰하면서 놓아 보았다. 텃밭에서는 제거되어야 할 식물이지만 그 자체로도 아름답고 소중함이 느껴진다.

세 갈래 덩굴손, 홍자색 꽃을 피운 살갈퀴와 작은 하늘색 봄까치꽃을 놓아 보았다. '자세히 보아야 예쁘고 사랑스럽다'는 말이 실감이 난다. 작은 풀꽃으로 세상의 모든 존재가 자기 나름의 가치와 아름다움을 지니고 있음을 새삼 깨닫게 해 준다.

4. 본 활동(1): 해변가 코디네이션

작품 만들기

- 작품명: 해변가 코디네이션
- 준비물: 김말이, 견과류, 머핀컵, 흰 자갈, 야자수 모형, 거북이 피겨, 나뭇잎 등
- 내용: 여름철 해변가에서 피서를 즐기는 모습을 표현한다.
- 방법: ① 김말이를 깔고 중심부에 흰 자갈을 배치한다.
  ② 야자수 모형으로 해변가를 연출한다.
  ③ 머핀컵에 견과류를 담고 배치한다.
  ④ 거북이 또는 물고기 피겨를 배치한다.
  ⑤ 간단한 음료를 곁들인다.

참고
- 귤껍질이나 오이로 파라솔을 만들어 연출하면 더욱 효과가 있다.
- 김말이 대신 갈대발을 활용할 수도 있다.
- 청색 매트를 깔면 해변가 분위기 연출이 돋보인다.

작품에 제목 붙이고 설명하기 & 긍정적 피드백 나누기

작품 제작: 해변가 코디네이션

협동 작품

해변에서 휴식을 취하며 낚시를 즐긴다.

해변 데크길을 따라 연인과 가족이 산책을 한다.

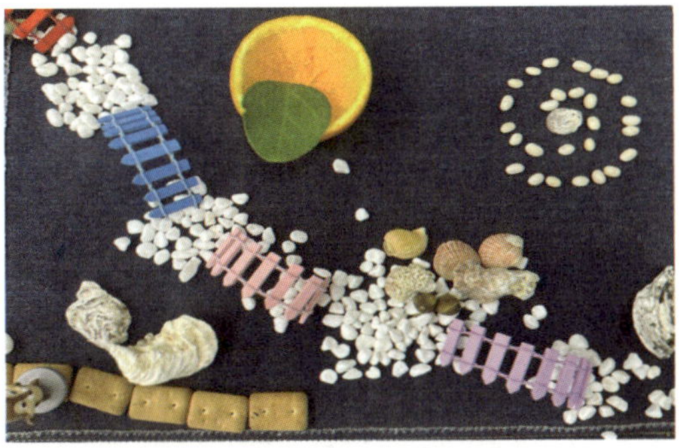

섬과 섬을 잇는 연육교에서 멋진 일몰을 본다.

잔잔한 파도 소리를 들으며 스르르 꿀잠이 든다.

출처: 전북영양교사직무연수팀

4. 본 활동(2): 핑거푸드 만들기

작품 만들기

- 준비물: 쌀과자, 크림치즈 또는 생크림, 오이 또는 방울토마토, 건과일, 허브 등
- 내용: 집단원들이 함께 만들며 협동심을 기른다.
- 방법: ① 쌀과자를 준비한다.
  ② 쌀과자에 크림치즈를 바른다.
  ③ 오이나 방울토마토를 작게 자르고 ②에 얹는다.
  ④ 블루베리를 장식으로 얹는다.
  ⑤ 파슬리를 약간 뿌린다.

참고
- 집단의 연령대나 모임의 특성에 맞게 재료를 준비한다.
- 쌀과자 대신 크래커나 쌈배추 등을 활용할 수 있다.
- 크림치즈 대신 땅콩잼이나 바질페스토 등 다양한 스프레드를 응용할 수 있다.
- 꿀이나 시럽 등은 흐르기 쉬우므로 사용하지 않는 게 좋다.

긍정적 피드백 나누기

응용작품

출처: 안산대학교

작품 제작: 핑거푸드 만들기

출처: 전북영양교사직무연수팀

참고자료

핑거푸드

핑거푸드(Finger Food)는 손으로 쉽게 집어 먹을 수 있는 작은 크기의 음식들을 의미한다. 일반적으로 포크나 나이프 없이 먹을 수 있도록 준비된 음식으로, 파티, 뷔페, 피크닉 등 다양한 상황에서 인기가 있다.

핑거푸드는 다양한 종류가 있으며, 샌드위치, 미니 햄버거, 스프링롤, 치킨 윙, 과일 꼬치, 치즈와 크래커 조합 등 여러 가지가 포함될 수 있다. 이러한 음식들은 보통 간편하게 먹을 수 있도록 만들어져 있어 손님들이 자유롭게 즐길 수 있는 장점이 있다.

핑거푸드는 창의력을 발휘하여 여러 가지 조합을 시도할 수 있다. 다음은 핑거푸드에 적합한 몇 가지 재료이다.

- **빵**: 미니 바게트, 크래커, 토스트, 피타브레드 등 다양한 종류의 빵을 사용할 수 있다.
- **고기**: 슬라이스된 햄, 치킨, 소시지, 연어 등 다양한 육류를 활용할 수 있다.
- **치즈**: 다양한 종류의 치즈(브리, 체다, 파마산 등)를 사용하여 풍미를 더할 수 있다.
- **채소**: 오이, 방울토마토, 피망, 당근, 셀러리 등 신선한 채소를 활용하여 아삭한 식감을 추가할 수 있다.
- **과일**: 포도, 딸기, 파인애플, 멜론 등 과일을 사용하여 상큼한 맛을 더할 수 있다.
- **소스 및 드레싱**: 후무스, 아보카도, 마요네즈, 바비큐 소스 등 다양한 소스를 곁들여 맛을 풍부하게 할 수 있다.
- **견과류 및 씨앗**: 아몬드, 호두, 해바라기씨 등은 식감과 영양을 더해 준다.
- **허브 및 향신료**: 바질, 파슬리, 오레가노 등으로 향을 더할 수 있다.

카나페 고급스러운 비주얼의 대표 주자, 카나페는 우리가 가장 쉽게 접할 수 있는 핑거푸드이다. 시중에서 쉽게 구매할 수 있는 크래커 위에 치즈와 토마토만 올려 주어도 훌륭한 안주나 간식거리가 된다. 제일 많이 알려진 재료인 참치와 옥수수 콘, 그리고 마법의 소스인 마요네즈를 섞은 샐러드를 살짝만 올려 준다면 그야말로 엄청난 가성비를 뽐내는 음식 완성! 크래커가 아닌 두부나 삶은 달걀을 사용하여 색다른 맛을 연출해 보는 것도 좋다.

롤 롤은 활용할 수 있는 재료가 무궁무진한데, 속에 재료를 넣는 김밥과는 다르게 주재료를 롤 위에 얹는 것이 키 포인트이다. 대부분 연어나 참치, 혹은 날치알을 올려 먹음직스러운 롤을 만들 수 있다. 밥이 들어가기 때문에 작은 크기에도 든든한 포만감을 준다는 것이 가장 큰 특징이다.

브루스케타 살짝 구워 바삭한 빵 위에 잘게 다진 양파와 토마토와 올리브 그리고 올리브유를 넣고 섞은 토마토 살사 소스를 얹은 음식이다. 주로 빵 위에 올라가는 소스의 경우 차갑게 먹는 경우가 많으며, 이 역시 위에 올라가는 소스가 다양하게 활용될 수 있다. 바짝 구워진 빵의 식감과 시원한 샐러드의 조화로 멋스러운 식탁 완성!

컵케이크 비주얼과 맛을 동시에 잡은 훌륭한 디저트이자 핑거푸드의 대표 주자이다. 작은 크기의 컵케익을 직접 만들기 힘들다면, 시중에서 판매되는 컵케익을 구매하여 한입 크기로 자른 후, 위에 크림이나 과일을 올려 미니 컵케익으로 재탄생시킬 수 있다. 만드는 것도 간편하고 맛도 좋은 디저트로 특히 여성들이나 아이들에게 큰 인기를 끌 것이다.

카프레제 싱싱한 토마토와 고소하고 담백한 치즈가 일품인 카프레제 샐러드는 파티나 집들이 음식으로도 손색없는 세련된 핑거푸드이다. 토마토와 치즈를 한입에 넣기 좋은 적당한 크기로 자르는 것이 관건이며, 방울토마토를 사용해 준다면 흘릴 걱정 없이 한입에 쏘옥~ 들어가는 카프레제를 즐길 수 있으니, 방울토마토를 활용해 보도록 한다.

과일 꼬치 간편하게 먹을 수 있는 후식이자 건강 만점 간식인 과일은 훌륭한 핑거푸드의 재료가 된다. 흐르는 물에 씻은 과일을 먹기 좋은 크기로 자른 후 꼬치에 끼우기만 해도 화려한 색감의 케이터링 푸드로 변신한다. 과일 꼬치를 준비할 때에는 씨가 없는 과일로 준비하여 핑거푸드의 본질을 흐트리지 않도록 유의한다.

출처: https://food.daily.co.kr/tip31272093#foodback, 만들기 쉬운 핑거푸드 종류와 레시피

방울토마토로 만들어요(제작: 이정연)

마리네이드 만들기

- 재료: 방울토마토, 양파, 올리브오일, 발사믹식초, 알룰로스, 바질가루, 소금, 후추
- 조리법:
  ① 토마토를 세척한다.
  ② 끓는 물에 살짝 데친다.
  ③ 토마토 껍질을 벗긴다.
  ④ 양파를 잘게 썬다.
  ⑤ 모든 재료를 샐러드볼에 넣고 골고루 섞는다.

토마토청 만들기

- 재료: 방울토마토, 시럽
- 조리법:
  ① 살짝 데친 방울토마토의 껍질을 벗긴다.
  ② 시럽을 약간 넣고 토마토청을 만들어 둔다.
  ③ 얼음과 탄산수를 넣어 차게 먹으면 여름철 간식으로 적당하다.

과카몰리 만들기

- 재료: 방울토마토, 아보카도, 양파, 레몬즙, 소금, 후추
- 조리법:
  ① 잘 익은 아보카도의 껍질을 벗긴다.
  ② 씨를 제거하고 과육을 포크로 으깬다.
  ③ 토마토는 가운데 씨를 제거하고 다진다.
  ④ 양파를 잘게 다진다.
  ⑤ 모든 재료를 그릇에 담고 레몬즙과 소금, 후추를 뿌린다.

참고
- 양파는 물에 담가 아린 맛을 없앤다. 자색 양파를 넣으면 색감이 더 살아난다.
- 열탕에 소독한 유리병에 담아 보관한다. 냉장고에서 숙성 후 3~4일 이내에 먹도록 한다.
- 완숙 토마토를 활용하는 경우 잘게 썬다.

4회기

제3의 공간 아지트

활동명	제3의 공간 아지트	
활동목표	평생학습의 시대에 나만의 아지트에서 새로운 에너지를 충전한다.	
준비물	기본 푸드키트, 오렌지껍질, 피겨, 나무토막, 자연물 등	
단계(시간)	활동내용	활동사진
들어가기 (10분)	▣ 워밍업 • 영상자료: 서울에 만든 아지트	
맞이하기 (30분)	▣ 제3의 공간 아지트 • 서로에게 인사하기 • 두 명씩 조를 지어 상대방을 환영하는 작품 만들기 • 작품에 제목 붙이고 설명하기 • 긍정적 피드백 나누기	
마음결 고르기 (30분)	▣ 강의: 내 마음의 중심 찾기 ▣ 내 마음의 중심 • 내 마음의 중심에 관한 이야기 나누기 • 작품 만들기 • 작품에 제목 붙이고 설명하기 • 마음결 점검하기	

단계(시간)	활동내용	활동사진
본 활동 (90분)	▣ 나의 아지트 • 나의 아지트 이야기 나누기 • 작품 만들기 • 작품에 제목 붙이고 설명하기 • 긍정적 피드백 나누기	
	▣ 미래 마을 만들기(협동활동) • 인구소멸지역에 대해 강의 듣기 • 도시재생, 신도시 등의 미래 마을에 대한 구상하기 • 마을의 이름과 공간에 대해 설명하기 • 긍정적 피드백 나누기	
마무리 (20분)	▣ 소감 나누기 • 오늘 활동한 내용 나누기 • 활동하면서 새롭게 알게 된 점이나 느낀 점 말하기 • 뒷정리하기	
유의사항	양초는 디지털 양초가 사용하기에 더 안전하다.	

1. 들어가기

영상자료: 서울에 만든 아지트

출처: https://www.youtube.com/watch?v=LjrBAM_b2vg

2. 맞이하기

작품 만들기

- 준비물: 흰색 면포, 잡곡, 피겨, 양초, 이파리, 꽃잎, 흰 자갈 등
- 내용: 아지트로 지인들을 초대하고 환영한다.
- 방법: ① 두 명씩 조를 지어 흰색 면포를 펼친다.
  ② 피겨와 양초로 아지트를 꾸민다.
  ③ 아지트로 초대하는 길을 표현한다.

작품에 제목 붙이고 설명하기 & 긍정적 피드백 나누기

〈응용 작품: 바닷가 아지트로의 초대〉

제작: 전북영양교사직무연수팀

참고자료

아지트

예: 완주군청소년센터 트리하우스

아지트는 특정한 장소나 공간을 의미하며, 주로 비밀스럽거나 은밀한 활동이 이루어지는 곳을 말한다. 제2차 세계대전 당시 나치 독재정권으로부터 숨어 저항운동을 펼쳤던 사람들이 활동하던 비밀장소이다.

요즘 아지트는 친근하고 자유로운 모임 공간을 뜻하며, 사람들이 편하게 모여서 시간을 보내는 장소로 많이 쓰인다. 아지트는 카페, 공유 오피스, 창작 공간처럼 자유롭게 아이디어를 나누는 장소, 친구들이 모여서 수다를 떨거나 놀 수 있는 아늑한 장소, 혼자만의 시간을 보내는 개인적인 공간을 말한다.

당신에게 아지트란 ? '2019 시니어 아지트' 설문조사

인생을 살아가는 당신에게 아지트는 어떤 모습의 어디인가? 이 설문조사는 '브라보 마이 라이프' 자체 조사이며, 104명의 50세 이상 시니어를 대상으로 진행했다. '즐겨 찾는 아지트가 있느냐'는 질문에 86.5%가 '있다', 13.5%가 '없다'고 응답했다.

즐겨 찾는 아지트

86.5% 있다

13.5% 없다

시니어의 아지트 방문 목적으로 '배움'이 상당 부분을 차지했다. 원영희 한국성서대학교 사회복지학과 교수는 "평균 수명의 증가로 이제는 '노년기'가 인생을 정리하는 시대가 아닌, 제2의 청춘 시기로 탈바꿈되었다. 최근 평생학습, 인생 2모작, 노후 설계 등 다방면에서 학습에 대한 필요성을 인지하는 경우가 많아져 학습 욕구도 높아진 것으로 볼 수 있다."라고 말했다.

아지트는 왜 가는가?

1위	휴식(힐링)	35.7%
2위	배움(학습)	30.2%
3위	식사 및 음주	20.1%
4위	재미(오락)	13.7%

남녀별 즐겨찾는 아지트유형

男		女
21%	맛집 및 카페	35.2% (1위)
(1위) 26.3%	문화공간	29.5%
21%	학습터	11.2%
5.2%	복지센터	12.6%
15.7%	오락시설	4.2%
10.5%	쉼터	7%

누구와 함께 가나?

	남	여
혼자	**34%**	24.7%
친구	28%	**29.4%**
가족	10%	10.5%
이웃 또는 지인	10%	18.8%
모임 회원	18%	16.4%

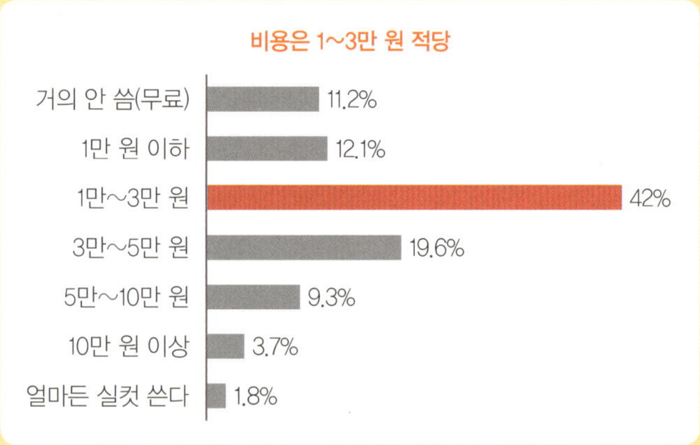

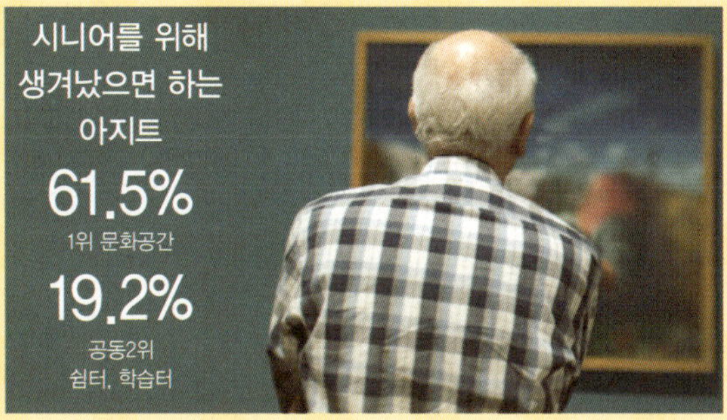

시니어가 즐겨 찾는 아지트 유형 항목에서는 남녀의 선호도가 다르게 나왔다. 원 교수는 "상대적으로 관계를 중요시하는 여성 시니어의 경우 집단 및 커뮤니티를 통해 다양한 관계망을 확장하는 경향이 있는 반면, 남성 시니어의 경우 기존 집단과의 교류 외에는 개별 활동을 선호하는 경향을 보인다."라고 설명했다.

혼자보다 여럿이 방문하기를 선호한 여성의 설문 결과에 대해 김욱 경기대학교 사회복지과 교수는 "연구 결과에 따르면 여성은 나이 들수록 외향적으로, 남성은 내향적으로 변한다."라고 설명하면서 "새로운 사람들과 만나는 게 비교적 익숙한 여성들은 혼자보다 여럿이 어울리기를 선호한다."라고 답변했다. 반면, 남성의 설문 결과에 대해 "직장 위주의 생활 및 가부장적 문화의 영향 등으로 여성보다 사회성이 떨어지거나 관계성이 낮아 타인과의 소통에 서툴다 보니 누군가와 시간을 맞춰 함께 활동하는 것에 대한 심리적, 상황적, 시간적 제약이 작용하는 것으로 보인다."라고 말했다.

찾아간 아지트가 '젊은 세대'가 많이 가는 장소일 경우 개의치 않고 이용한다는 답변이 70% 이상을 차지했다. 이에 대해 원 교수는 "요즘 시니어는 평생학습, 인생설계 등 다양한 방면에서 스스로의 삶을 주체적으로 이끌어 가려는 성향이 높다."면서 "이전 노인 세대와 달리 젊은 세대와 일방이 아닌 양방향의 소통을 위해 노력해 세대 간의 벽을 크게 느끼지 않는 것으로 해석할 수 있다."라고 설명했다.

출처: https://bravo.etoday.co.kr/view/atc_view/9644, 브라보 마이 라이프. 당신에게 아지트란?

맞이하기 작품: 제3의 공간 아지트

햇살이 내리쬐는 너른 마당에 어릴 적부터 친한 친구들을 초대하는 모습이다. 울타리를 쳐서 우리만의 아늑한 공간을 표현하였다.

넓은 평상에 둘러앉아 노는 모습을 표현하였다. 누구나 쉬었다 가는 공유 공간이다.

저녁에 아지트로 모여 노는 모습이다. 등불을 켜고 구름다리를 만들어 실내정원을 화려하게 표현하였다.

제작: 이정연
주말에 세컨 하우스를 찾아 중정의 미니정원을 바라보며 나만의 휴식을 취한다. 소진되었던 에너지를 충전하고 일상으로 돌아온다.

출처: 안산대학교

3. 마음결 고르기

강의

내 마음의 중심 찾기

마음의 중심을 잡는 일은 살아가는 데 있어 중요하다. 그것은 삶을 살아갈 수 있게 하는 핵심 가치와 삶의 비전을 만들어 낼 수 있기 때문이다. 마음의 중심을 잡지 못하게 되면 후회가 생기거나 어려움을 겪게 될 가능성이 높아진다.

내 마음의 중심을 찾는 방법

1. 자기 반성
정기적으로 일기를 쓰거나 명상하면서 자신의 감정과 생각을 돌아본다.

2. 가치 목록 작성
자신에게 중요한 가치를 리스트로 작성해 본다. 가족, 사랑, 자유, 창의성 등. 이 가치들이 나의 결정과 행동에 어떤 영향을 미치는지 고민해 본다.

3. 과거 경험 돌아보기
인생에서 의미 있었던 순간들을 되짚어 본다. 어떤 경험이 당신을 성장하게 했는지, 그 순간들이 내 마음의 중심에 어떤 영향을 주었는지 생각해 본다.

4. 목표 설정
자신의 목표를 명확히 한다. 단기 및 장기 목표를 설정하고, 이 목표들이 당신의 중심과 어떻게 연결되는지 살펴본다.

5. 대화 나누기
믿을 수 있는 친구나 가족과 이야기해 본다. 그들이 당신의 가치와 중심에 대해 어떻게 생각하는지 피드백을 받아 보는 것도 유익하다.

6. 휴식과 재충전
바쁜 일상 속에서 잠시 멈추고 나 자신을 돌보는 시간을 갖는다. 자연 속에서 걷거나, 취미 활동을 하면서 마음의 소리를 들을 수 있다.

7. 비전 보드 만들기
당신의 꿈과 가치, 목표를 시각적으로 표현해 본다. 원하는 미래를 시각화하면 내 마음의 중심이 무엇인지 더 명확히 할 수 있다.

내 마음의 중심에 관한 다양한 질문

- 내 마음이 중심을 잡지 못하고 흔들린 적이 있나요?
- 내 마음의 중심을 잡는 방법을 알고 있나요?

작품 만들기

- 준비물: 열매, 이파리, 아몬드 또는 검은콩
- 내용: 내 마음의 중심을 잡기 위해 천천히 집중한다.
- 방법: ① 내 마음의 중심에 무엇이 자리하고 있는지 살펴본다.
  ② 종이행주를 가지런하게 펼친다.
  ③ 재료를 활용하여 여러 가지 모양으로 표현해 본다.

작품에 제목 붙이고 설명하기

마음결 고르기를 한 후

- 느껴지는 변화가 있는지 살피고 소감을 나눈다.
- 신체변화(호흡, 긴장과 이완)
- 마음상태(안정감, 편안함, 집중력 등)

마음결 고르기 작품: 내 마음의 중심

가슴에 사랑을 담고 날아 보자!~~훨훨.

사사롭지 않고 담담한 내 마음

어제, 오늘 오랜만에 좋아하는 노래를 들으면서 본래의 밝은 나를 만났어요. 주변에 꽃을 둔 것은 나를 행복하게 해 주는 자연을 의미해요. 나의 중심을 잃지 않게 해 줘서 고마워.

내 마음의 중심에 사랑의 씨앗을 틔워요~

내 마음은 꺾이지 않는 부드러움~

평온한 일상 속 사랑의 열정으로 뛰는 내 마음

출처: 전북영양교사직무연수팀

4. 본 활동: 나의 아지트

나의 아지트에 대한 다양한 질문

- 여러분이 생각하는 '아지트'는 어떤 모습인가요?
- 아지트가 당신에게 주는 의미는 무엇인가요?
- 그곳에서 누구와 함께 시간을 보내고 싶은가요?

작품 만들기

- 준비물: 면포, 울타리, 멘토스, 피겨, 양초, 이파리, 꽃잎, 흰 자갈 등
- 내용: 나의 아지트를 표현한다.
- 방법: ① 면포를 펼친다.
  ② 피겨와 양초 등으로 나의 아지트를 꾸민다.

작품에 제목 붙이고 설명하기

긍정적 피드백 나누기

〈작품 예시〉

정원수에 둘러싸여 있는 곳에서 조용히 책도 보고 음악도 듣는 나만의 아지트~♡

생명, 휴식, 고요함이 존재하는 나만의 아지트!

출처: 전북영양교사직무연수팀

작품 제작: 나의 아지트(I)

가고 싶은 곳, 나만의 아지트는 휴양림. 신랑과 방태산 휴양림을 자주 가곤 했다. 마음의 휴식도 하고 힐링하면서 갔던 곳이다. 좋은 추억이다.

50년 전에 어렸을 때 우리들의 아지트는 학교 끝나고 동네 야산의 묘에 항상 모여서 개구쟁이같이 뛰고 놀던 그곳을 생각해 봤다. 앞 저수지에서는 돌로 물수제비 놀이도 하고 저수지에 밀어 빠뜨리기도 하고. 14세 때 항상 친구들과 모여 놀던 추억의 아지트

따뜻한 집에만 숨을 수 있어요.

현재의 나의 아지트. 나는 집에서 유튜브를 보면서 편안한 시간을 보내는 것이 제일 좋다.

어릴 때 젊고 잘생긴 외삼촌이 오시면 쑥스러워 집 뒤 큰 항아리 뒤로 숨었다. 시골 마을에서 깔끔하고 저리 잘생긴 외삼촌 방문은 한 발 뒤로 숨게 했다. 엄마에게 야단맞을 때도 나를 가려 준 항아리.

어린 시절에 과수원이 아지트였다. 과일도 맛있게 먹고 즐겁게 지냈다.

출처: 안산대학교

작품 제작: 나의 아지트(2)

나의 아지트, 포근한 곳에서 넷플릭스 보면서 쉬어요.

맛있는 음식을 준비해서 님과 함께 공원에서 놀아요.

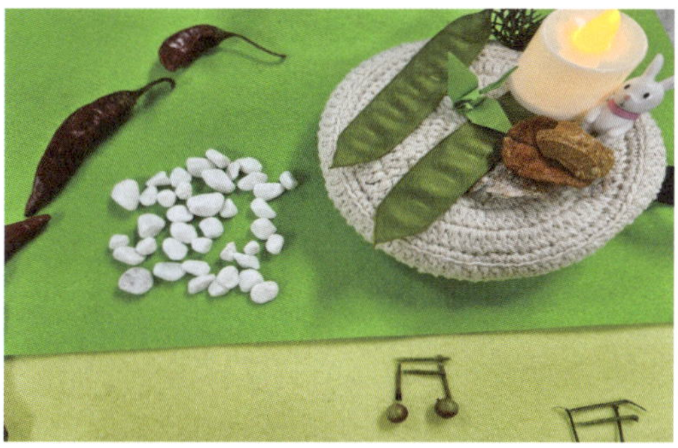

나만의 공간에서 책도 읽고 음악도 만들고~

나의 아지트 숲속에서 가을을 느껴요~
머리가 맑아지는 느낌.

30여 년간 햇빛 들어오는 창문 없이 살아온 나에게 따뜻한 햇살이 비치고, 하늘과 꽃, 나무를 바라볼 수 있는 실내 미니정원이 나의 아지트.

사랑콩이 열매 맺고 대나무와 단풍이 풍성한 작은 숲속에서, 몸과 마음이 부자되어 여유롭게 함께 나누고 즐길 수 있는 행복한 나의 아지트. 들꽃 향기 가득하다.

출처: 전북영양교사직무연수팀

5. 본 활동: 미래 마을 만들기

작품 만들기

- 준비물: 흰색 면포, 원두, 오렌지 껍질, 오트밀 쿠키, 볍씨, 병아리콩, 피겨, 나무토막, 울타리, 양초, 조화, 자연물 등
- 내용: 특색 있는 미래 마을을 표현한다.
- 방법: ① 흰색 면포를 펼친다.
  ② 미래 마을에 필요한 시설 또는 건물 등을 배치하여 매력적인 공간을 창출한다.

참고 관련시설은 박물관, 북카페, 전시장, 방앗간, 커피숍, 도서관, 산책로, 공연장, 반려견 놀이터 등으로 구상해 본다.

작품에 제목 붙이고 설명하기

긍정적 피드백 나누기

미래형 어촌 마을 만들기

해안선, 갯벌, 바다 전망이 있는 경관을 중심으로 산책로, 방파제길, 어촌문화 유적지 등을 탐방하는 둘레길 및 생태공원을 조성하고 해양생태, 어촌 문화, 로컬푸드 등을 체험하는 프로그램을 만들어 쉼과 즐거움이 있는 생태 관광을 활성화한다.

출처: 전북영양교사직무연수팀

작품제작: 미래 마을

동화 감성이 되살아나는 시니어타운~

공주조각상, 온천탕, 로맨틱한 카페, 쇼핑몰, 극장 등이 준비되어 있어 시니어들이 편안하고 안전하게 지낼 수 있는 마을

개 편한 세상

반려동물이 행복한 마을로 반려견 카페, 애견호텔, 수영장, 놀이터 등이 있어 반려견과 즐겁게 지낼 수 있는 마을

어린이가 행복한 해피 마을

팜스테이 마을에서 딸기 따기, 봄나물 캐기, 물놀이 등 다양한 체험활동이 제공되고 미술관, 도서관, 풍차 분수 있는 어린아이가 행복하게 놀 수 있는 해피 마을

몸과 맘이 건강해지는 마을

스마트팜에서 정성껏 가꾼 신선한 채소로 공유주방에서 음식을 조리해 먹을 수 있는 더불어 사는 마을, 따뜻한 모닥불에 고구마, 꼬치구이가 익기를 기다리면서 도란도란 정을 나눌 수 있는 마을. 바로 몸과 마음이 건강해지는 마을이다.

출처: 전북영양교사직무연수팀

참고자료

세종시 미래마을

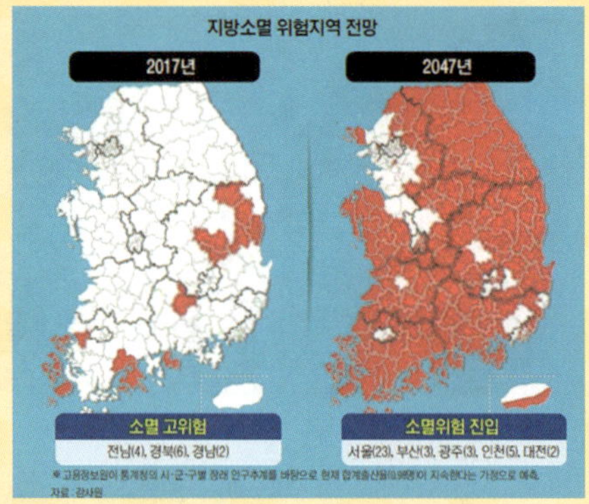

세종시는 농촌 마을 빈집 정비로 정주환경을 개선하고 소득을 발굴해 지역경제 활성화를 완성할 '세종 미래마을 조성 사업'을 본격 추진한다. 세종 미래마을 조성 사업은 빈집 철거뿐만 아니라 마을별 특색에 따른 소득증대 사업을 함께 발굴 · 추진함으로써 농촌의 지역소멸 및 인구감소에 대처하기 위한 시의 전략사업 중 하나다.

이승원 경제부시장은 지난 17일 전의면 서정2리, 금남면 부용1리를 방문, 성공적인 세종 미래마을 조성 사업 계획을 주민과 공유했다. 전의면 서정2리는 4계절 채소마을 조성, 마을 서낭당 체험로 정비 등의 내용을 계획하고 있고, 금남면 부용1리는 담장허물기를 통한 정원마을 조성, 지역 청년 작가의 협업을 통한 벚꽃마을 만들기 등을 반영할 계획이다.

출처: http://www.chungnamilbo.co.kr, 충남일보. 세종시 미래마을

지방소멸, 어떻게 대응할 것인가?

모두 떠나는 마을 빈집 사서 살렸다

출처: https://www.youtube.com/watch?v=IjeIEw6WoK8, 〈한국기행－집 밖의 탈출기5부 온기를 품은 길〉의 일부

매력 공간 창출로 생활인구 확보와 유출 억제

지역다움(localism)과 개성 있는 매력 공간 창출로 정주 인구뿐만 아니라 체류 인구 등 생활 인구 확보와 인구의 유출을 억제해야 한다. 4도 3촌(4일은 도시에서 3일은 농촌에서), 한 달 살기, 워케이션(업무와 휴가의 합성어)으로 사무실이 아닌 휴양지에서 근무를 진행하는 근무 방식) 등 라이프스타일 변화와 평생 한곳에서 살던 사회(place-bound tradition)에서 인생 주기별, 삶의 추구 목적에 따라 삶의 공간을 변화시키는 사회(time-bound tradition)로 전환에 대비해야 한다.

출처: 차미숙(2024)

과제하기: 추억의 간식 이야기

작품사진
제목
준비물
설명

CHAPTER

02 생태 감수성 증진하기

1회기 자연주의 코디네이션

2회기 꽃피는 섬마을

3회기 커피 정원

4회기 가을 소풍

1회기

자연주의 코디네이션

활동명	자연주의 코디네이션	
활동목표	환경을 보호하고 생태 감수성 지수를 높인다.	
준비물	기본 푸드키트, 쑥, 바구니, 울타리, 양초, 피겨, 캠핑용 소반, 나무토막, 코르크마개, 휴지심, 자갈, 부직포 등	
단계(시간)	활동내용	활동사진
들어가기 (10분)	▣ 워밍업 • 영상자료: 〈리틀 포레스트〉, 〈마샤 튜더 이야기〉, 〈자연주의 코디네이션〉 동영상 중 선택하기 –자연주의 이야기 나누기	
맞이하기 (30분)	▣ 들꽃 리스 만들기 • 서로에게 인사하기 • 두 명씩 조를 지어 상대방을 환영하는 작품 만들기 • 작품의 제목을 붙이고 설명하기 • 긍정적 피드백 나누기	

단계(시간)	활동내용	활동사진
마음결 고르기 (60분)	▣ 감성 카드 고르고 발표하기 ▣ 강의: 쑥의 효능/쑥의 미학 • 발표하기: 쑥 이야기 ▣ 쑥 배열하기 • 실내편, 실외편 –다양한 작품의 예를 감상하기 –쑥의 촉감을 탐색하기 • 작품의 의미를 설명하기 • 마음결 점검하기	
본 활동 (60분)	▣ 자연주의 코디네이션 • 작품 만들기 –들풀이나 야생화를 활용하여 만들기 –쑥떡으로 k–간식상 만들기 • 작품의 의미를 설명하기 • 긍정적 피드백 나누기	
마무리 (20분)	▣ 소감 나누기 • 오늘 활동한 내용 나누기 • 활동하면서 새롭게 알게 된 점이나 느낀 점을 말하기 • 뒷정리하기	
유의사항	봄에는 쑥을 활용하고 가을에는 국화잎을 활용한다.	

1. 들어가기

자연주의 관련 영상자료

영화 〈리틀 포레스트〉

고단한 도시의 삶에 지쳐 고향으로 내려온 혜원이 소꿉친구인 재하와 은숙을 만나고 사계절의 자연 속에서 직접 만든 음식을 통해 과거의 기억과 상처를 치유해 나가는 힐링 드라마

https://www.youtube.com/watch?v=IWpBGln6bNk, 리틀 포레스트 예고편

타샤 튜더 이야기

전 세계적으로 사랑받는 베스트셀러 동화 작가이자 『비밀의 화원』과 『소공녀』, 백악관의 크리스마스 카드 삽화를 그리고 30만 평 대지를 천상의 화원으로 일구며, 꿈꾸는 대로 살았던 자연주의자 '타샤 튜더' 이야기

https://www.youtube.com/watch?v=BoX0N94fZKc, 시선뉴스, 지식의 창

숲속의 쉼터 UCC

숲속의 놀이터에서 귤과 레몬, 오렌지 등을 소재로 한 자연주의 야외 푸드코디네이션 영상자료(제작: 이정연)

https://www.youtube.com/watch?v=usr_vb23vD0

코디네이션(coordination)이란?

몸에 걸치는 옷, 신발, 장신구나 화장 등을 전체적으로 조화롭고 아름답게 꾸미는 일을 말한다.

자연주의 코디네이션이란?

텃밭에서 재배하는 깻잎, 상추, 토마토, 고추 등을 자연 소재의 돌이나 흙, 나무토막, 꽃, 열매 등과 어울리게 상차림을 연출하는 것을 말한다. 자연주의 코디네이션은 자연의 소재를 활용하여 편안함과 조화로운 느낌을 준다.

2. 맞이하기: 들꽃 리스 만들기

작품 만들기

- 준비물: 나뭇잎, 들꽃, 야생화, 덩굴 등
- 내용: 조원에게 환영의 리스를 만들어 준다.
- 방법: ① 이파리를 둥글게 배치한다.
  ② 작은 들꽃으로 장식한다.
  ③ 가운데 견과류를 배치한다.
  ④ 피겨와 음료를 첨가한다.

작품에 제목을 붙이고 설명하기

긍정적 피드백 나누기

참고 말린 귤 껍질이나 오렌지 껍질 등으로 장식 효과를 연출한다.

맞이하기 작품: 들꽃 리스 만들기

들꽃 속에 피어난 고소한 견과류

이파리를 모아 소박한 리스를 만들고 향긋한 허브차를 함께 마셔요.

우리 가족의 소소한 작은 속삭임

한 조각의 붉은 마음을 담아 진심으로 환영합니다.

간절한 맘으로 촛불을 켜고 마음 차분히 차 한잔을 마셔요.

소중한 기억들을 한 잎 한 잎에 담았어요.

출처: 전북영양교사직무연수팀

응용 작품: 리틀 포레스트

〈작품 만들기〉

- **준비물**: 쑥, 바구니, 울타리, 양초, 피겨, 캠핑용 소반, 나무토막, 코르크 마개, 휴지심, 자갈 등
- **내용**: 생활용품을 재활용하여 숲을 조성한다.
- **방법**: ① 가운데에 캠핑용 소반을 깔고 쑥떡을 배치한다.
  ② 쑥을 다듬는다.
  ③ 쑥을 종이컵이나 휴지심, 커피홀더 등에 담아 쑥으로 숲을 조성한다.
  ④ 입구에 울타리를 친다.
  ⑤ 적당한 곳에 자갈을 놓고 피겨나 양초를 배치한다.

한국푸드아트테라피학회 워크숍(2022.6.25.)

참고자료

감성 카드

감성 카드는 감정이나 느낌을 표현하고 소통하는 데 도움을 주는 도구로 다양한 상황에서 활용될 수 있다.

- **감정 표현**: 감성 카드는 개인의 감정을 표현하는 데 유용하다. 예를 들어, 친구나 가족과의 대화에서 자신의 감정을 솔직하게 전달하고 싶을 때, 감성 카드를 사용하여 특정 감정을 나타내는 카드를 선택할 수 있다.
- **소통의 도구**: 감성 카드는 소통의 매개체로 활용될 수 있다. 특히 감정 표현이 어려운 사람들에게는 감성 카드를 통해 자신의 감정을 더욱 쉽게 전달할 수 있는 방법이 된다. 예를 들어, 어린이들이나 감정 표현이 서툰 사람들에게 유용하다.
- **치유와 상담**: 심리 상담이나 치료 과정에서 감성 카드를 활용하여 내담자가 자신의 감정을 탐색하고 이해하는 데 도움을 줄 수 있다. 카드를 통해 감정을 시각적으로 표현함으로써, 내담자는 자신의 감정을 더 잘 인식하고 소통할 수 있다.
- **교육적 활용**: 감성 카드는 교육 현장에서도 활용될 수 있다. 학생들이 자신의 감정을 표현하고, 타인의 감정을 이해하는 데 도움을 줄 수 있다. 감정 교육 프로그램이나 사회성 교육에서 유용하게 사용될 수 있다.
- **창의적 활동**: 감성 카드를 활용하여 창의적인 활동을 할 수도 있다. 예를 들어, 감성 카드를 이용한 아트 프로젝트나 글쓰기 활동을 통해 감정을 표현하고, 창의력을 발휘할 수 있다.
- **일상적인 소통**: 일상적인 대화에서도 감성 카드를 활용하여 서로의 감정을 확인하고, 공감하는 기회를 만들 수 있다. 예를 들어, 가족이나 친구와 함께 감성 카드를 나누며 서로의 감정을 이야기하는 시간을 가질 수 있다.

활동: 감성 카드 고르고 발표하기

현재의 기분 상태와 맞는 감성 카드를 한 장 고르고, 지난 한 주 동안 어떻게 보냈는지 서로 심정을 이야기한다.

강의

쑥의 미학

쑥은 한국을 비롯한 여러 아시아 국가에서 흔히 발견되며 전통적으로 사용되는 식용 식물로, 그 미학은 여러 측면에서 나타난다.

- **자연의 아름다움**: 쑥은 봄철에 자생하는 식물로, 그 푸른색과 독특한 형태는 자연의 아름다움을 상징한다. 특히 쑥이 자생하는 모습은 자연과의 조화를 이루며, 생명력과 회복의 상징으로 여겨진다.
- **전통과 문화**: 쑥은 한국의 전통 음식인 쑥떡, 쑥국 등에서 중요한 재료로 사용된다. 이러한 음식들은 한국의 전통적인 미학을 반영하며, 쑥의 향과 맛은 사람들에게 향수를 불러일으키고, 가족과의 유대감을 강화하는 역할을 한다.
- **시각적 요소**: 쑥의 잎은 부드럽고 섬세한 질감을 가지고 있으며, 그 색상은 자연의 다양한 색조와 잘 어우러진다. 이러한 시각적 요소는 쑥을 미적 대상으로 만들어 준다.
- **상징적 의미**: 쑥은 한국에서 '부활'과 '재생'의 상징으로 여겨지기도 한다. 이는 쑥이 봄에 다시 자생하는 특성과 관련이 있으며, 새로운 시작과 희망을 상징한다.

제작: 이정연

참고자료

쑥의 효능

쑥(Artemisia princeps)은 오랫동안 전통 의학에서 사용되어 온 약용 식물로, 다양한 효능이 있다고 알려져 있다. 한국, 중국, 일본을 비롯한 동아시아에서 널리 사용되며, 특히 한방에서 몸의 균형을 맞추고 건강을 증진시키는 데 중요한 역할을 한다.

- **소화 기능 개선:** 쑥은 소화를 촉진하고, 복통이나 소화불량을 완화하는 데 도움이 된다. 쑥에 포함된 성분들이 소화를 돕고 위장 기능을 개선하는 데 기여한다.
- **혈액순환 촉진:** 쑥은 혈액순환을 원활하게 하고, 체내의 차가운 기운을 따뜻하게 해 주는 효능이 있다. 이는 특히 겨울철에 몸을 따뜻하게 해 주고, 냉증을 완화하는 데 효과적이다.
- **여성 건강에 도움:** 쑥은 여성의 생리 불순이나 생리통을 완화하는 데 사용되기도 한다. 특히 쑥을 이용한 쑥뜸은 자궁 건강을 증진시키고, 여성 호르몬의 균형을 맞추는 데 도움이 된다.
- **면역력 강화:** 쑥은 면역력을 강화하고 몸의 자연 치유력을 증진시키는 데 효과적이다. 쑥에 포함된 항염증 성분들이 몸의 염증을 줄이고, 질병 예방에 도움을 준다.

- **해열 및 항균 효과:** 쑥은 발열을 완화하고, 바이러스나 세균에 대한 항균 효과가 있어 감기나 독감 예방에 도움이 된다.
- **디톡스(해독):** 쑥은 체내 독소를 배출하는 데 도움을 줄 수 있으며, 간 기능을 개선하고 해독 작용을 도와주는 역할을 한다.
- **진정 및 스트레스 해소:** 쑥은 신경을 진정시키고 스트레스를 완화하는 데 도움이 될 수 있다. 이는 쑥에 포함된 향균 성분들이 신경계를 안정시켜 정신적인 피로를 덜어 주는 데 기여하기 때문이다.

출처: https://chatgpt.com

참고자료

쑥을 활용한 먹거리

쑥버무리		쑥버무리는 향긋한 쑥을 쌀가루와 함께 버무려 만드는 건강한 전통 간식이다.
쑥 라떼		쑥 라떼는 쑥가루, 연유, 우유, 휘핑크림, 얼음, 뜨거운 물을 활용해 쑥 라떼와 쑥 아이스 라떼를 만든다.
쑥 카스테라		쑥 카스테라는 쑥가루, 박력분, 달걀, 우유, 버터, 꿀 등을 활용해 만든 반죽을 오븐에 구워서 만든다.
쑥개떡		쑥개떡은 삶은 쑥과 불린 쌀을 곱게 빻아 습식 쑥가루로 만든다. 이렇게 만든 가루는 냉동 보관하여 언제든지 간식으로 만들어 먹는다.
쑥국		쑥국은 봄 제철 요리로 꼭 한 번쯤은 먹어 봐야 하는 봄철 요리이다. 쑥, 된장, 멸치, 들깨가루를 넣어 쉽고 간단하게 끓인다.

출처: 만개의 레시피 https://www.10000recipe.com/recipe/6888081

참고자료

쑥 관찰하기

정의

국화과에 속하는 여러해살이풀. 학명은 Artemisia rubripes Nakai이다. 흔히 쑥 이외에 산쑥, 참쑥(A. lavandulaefolia), 덤불쑥(A. rubripes) 등도 쑥이라고 일컫는다. 예로부터 뛰어난 약효를 인정받아 다양한 질병을 치료해 온 약재로, '의초'로 불리기도 한다. 진시황이 찾던 불로초가 쑥이라는 얘기가 전해져 온다.

형태

뿌리줄기가 옆으로 기면서 자라고, 전체에 거미줄 같은 흰 털이 있다. 크기는 약 0.6~1.2m로 자란다. 뿌리에서 나오는 잎은 로제트*처럼 모여 달리며, 줄기에서 나온 잎은 어긋난다. 잎은 날갯깃처럼 깊게 4~8갈래로 갈라져 있으며 향기가 난다. 연분홍색의 꽃은 7~9월 무렵 줄기 끝에 두상꽃차례로 피는데, 하나의 꽃차례가 하나의 꽃처럼 무리 지어 달린다.

* 로제트 식물: 민들레처럼 줄기가 짧고 잎이 뿌리에서 모여 나와 지면에 붙어서 땅 위를 따라 사방으로 뻗는 식물을 말한다. 로제트 식물은 겨울에 지면에 붙어서 땅의 열기를 받기 때문에 잎이 죽지 않고 겨울을 나는 경우를 자주 볼 수 있다.

특징

척박한 환경에서도 이름처럼 쑥쑥 잘 자란다. 생명력도 강해서 쉽게 구할 수 있기 때문에 식용, 약용으로 널리 쓰이며, 고대부터 서민에게 가장 대중적인 약초 노릇을 하였다. 약간 쓴 독특한 향과 맛이 나는데, 5월에 수확한 어린 쑥순이 가장 향과 맛이 우수하다고 한다. 여름을 지나 가을까지도 무성하게 자라긴 하는데, 이쯤 되면 너무 억세고 향도 지나치게 진해서 음식으로는 적합하지 않다.

출처: 다음백과, 나무위키

쑥 이야기

이른 봄철, 바구니 하나 들고 부모나 친구들과 뒷동산에 쑥 캐러 다니던 경험을 이야기하며, 쑥과 관련된 에피소드를 각자 발표한다.

쑥뜸의 효능

쑥뜸은 전통적인 한방 치료법 중 하나로 쑥을 태워서 그 열과 연기가 피부에 직접 닿도록 하여, 몸의 특정 부위에 자극을 준다.

- **혈액순환 개선**: 쑥의 열과 연기는 혈액순환을 촉진하고, 경락을 자극하여 혈액순환을 돕는다.
- **면역력 강화**: 쑥에 포함된 성분들이 면역 체계를 강화하는 데 도움을 줄 수 있다.
- **통증 완화**: 특히 관절염, 요통 등 신경통이나 근육통을 완화하는 데 효과가 있을 수 있다.
- **소화 개선**: 쑥은 소화 기능을 돕고, 위장에 좋다는 효과도 있다.
- **스트레스 감소**: 쑥의 따뜻한 열은 몸과 마음의 긴장을 풀어주어 스트레스를 완화시킨다.

〈쑥의 종류〉

개똥쑥 　 개사철쑥 　 더위지기 　 사철쑥 　 쑥

출처: https://www.jadam.kr/news/articleView.html?idxno=7368, 자담, 산야초이야기

책 소개

『쑥의 세계』는 쑥에 대한 다양한 측면을 탐구하는 책이다. 쑥의 식물학적 특성, 영양성분, 쑥의 다양한 쓰임 그리고 동서양에서 쑥이 어떻게 인식되고 사용되는지를 비교하는 문화적 접근과 강화약쑥에 대한 내용이 담겨 있다.

박홍현, 이성동 저/북스타/2014년

3. 마음결 고르기: 쑥 배열하기(실내 편)

작품 만들기

- 준비물: 계란판, 쑥, 꽃잎, 식탁매트 등
- 내용: 쑥의 생명력을 체험하고 기운을 얻는다.
- 방법: ① 쑥의 향을 맡고, 앞면과 뒷면의 차이를 탐색한다.
  ② 계란판은 적당한 크기로 자른다.
  ③ 계란판을 식탁매트 가운데 배치하고 작은 꽃잎을 띄운다.
  ④ 쑥잎을 한 잎 한 잎 천천히 자유롭게 배치한다.

참고
- 식탁매트 대신 한지나 손수건을 사용할 수 있다.
- 계란판에 물을 조금 따르고 꽃잎을 띄워 본다.
- 쑥잎이 시드는 경우, 물에 담그고 파릇해지면 활용한다.
- 쑥잎을 구하기 힘든 계절엔 국화잎을 사용해도 무방하다.
- 계란판을 다양한 형태로 잘라 응용해 본다.

작품에 제목 붙이고 설명하기

마음결 고르기를 한 후

- 느껴지는 변화가 있는지 살피고 소감을 나눈다.
- 신체변화(호흡, 긴장과 이완)
- 마음상태(안정감, 편안함, 집중력 등)

3. 마음결 고르기: 쑥 배열하기(실외 편)

작품 만들기

- 준비물: 쑥잎, 쑥떡, 행주, 종이컵, 피겨, 들꽃, 핀셋 등
- 내용: 봄동산에서 쑥을 캐서 바구니에 담고 양지바른 곳에 배열한다.
- 방법: ① 핀셋으로 쑥잎을 천천히 배열한다.
  ② 주변에 잡초나 쑥잎을 뜯어 종이컵에 담아 꽃꽂이를 한다.
  ③ 들꽃으로 장식한다.
  ④ 마음에 드는 피겨를 배열한다.

참고 햇볕이 너무 강하지 않은 오전이나 늦은 오후에 작업하는 것이 적합하다.

작품에 제목 붙이고 설명하기

마음결 고르기를 한 후

- 느껴지는 변화가 있는지 살피고 소감을 나눈다.
- 신체변화(호흡, 긴장과 이완)
- 마음상태(안정감, 편안함, 집중력 등)

마음결 고르기 작품: 이파리 배열하기

나뭇잎을 배열하며 정리되는 마음을 느낀다.

잎의 종류를 구분해서 천천히 놓으며 바라보았다.

흩어진 마음을 마음 중심으로 집중해 본다.

잎의 크기에 따라 자연스러운 방향으로 정리해 보았다.

한 잎 한 잎 놓으면서 마음을 차분히 정리해 본다.

나뭇잎, 줄기, 견과류 등을 배열해 보았다.

출처: 전북영양교사직무연수팀

응용하기: 국화잎 배열하기

퍼져 나가는 국화 향기

부드럽고 상쾌한 국화 향은 마음을 안정시키고 편안한 기분을 준다. 멀리까지 퍼져 나가는 국화 향기를 떠올리며 국화잎을 한 잎 한 잎 펼쳐 보았다.

국화잎과 커피콩의 조화

국화잎의 모양을 관찰하면서 조금씩 다른 잎 모양이지만 크기별로 펼쳐 보니 한 잎 한 잎이 소중하고 특별하다. 커피콩을 국화잎에 맞춰 한 알씩 놓아 조화롭게 표현해 보며 국화향 가득한 카페 정원에서 커피 마시는 모습을 상상해 본다.

사랑하는 사람에게 꽃다발 선물

10월의 어느 멋진 날 태어난 사랑하는 남편에게 국화 향기 가득 담은 꽃다발을 선물하고 싶어 국화잎을 꽃다발 모양으로 놓고 남천 열매로 마치 빨강 꽃이 핀 것처럼 가지런히 놓아 보았다.

모든 잎이 주인공

온전한 잎, 어린 잎 등 같은 국화잎이라도 각자의 고유한 색깔과 다양한 모양이 있다. 모든 잎이 귀하고 소중한 존재이다. 나도 귀하고 소중한 존재이다.

출처: 전북영양교사직무연수팀

4. 본 활동: 자연주의 코디네이션

작품 만들기

- 작품명: 자연주의 코디네이션
- 준비물: 쑥, 행주, 쑥떡이나 쑥버무리, 오렌지, 음료, 컵, 나무쟁반이나 나무 탁자, 기타 소품 등
- 내용: 야외에서 자연주의 코디네이션을 구성한다.
- 방법: ① 나무 탁자에 천을 깔고 코스터를 배치한다.
  ② 코스터에 떡을 얹는다.
  ③ 오렌지를 먹기 좋게 조각으로 자르고 그릇에 담는다.
  ④ 행주에 쑥잎으로 배치한다.
  ⑤ 음료를 미니유리병에 나누어 담는다.
  ⑥ 종이컵에 들풀이나 야생화를 뜯어 장식한다.

작품에 제목 붙이고 설명하기

긍정적 피드백 나누기

야외에서 브런치~
쑥을 뜯어 꽃꽂이도 하고 행주에 배열도 하고 쑥버무리떡과 오렌지를 배치하는 등 공원에서 평화롭게 푸드코디네이션 한다.

작품 제작: 자연주의 코디네이션

제작: 안산대 정은주 강사

풍성한 가을 맞이

봄향기를 느껴요.

나를 위한 다과상을 차려요.

제작: 전북영양교사직무연수팀

오렌지 향기는 바람에 날리고 ~

나른한 오후, 과일과 차 한잔으로 힘내요.

친구와 함께 있어 정겹고 행복하다.

2회기

꽃피는 섬마을

활동명	꽃피는 섬마을	
활동목표	• 생태 감수성을 증진한다. • 창의적인 스토리텔링을 한다.	
준비물	기본 푸드키드, 동영상, 파란색 색지, 자연물, 피겨, 오렌지 껍질, 나무상자 틀, 핀셋, 숟가락, 약과, 접시, 당근라페 재료, 채칼, 볼 등	
단계(시간)	활동내용	활동사진
들어가기 (10분)	▣ 워밍업 • 영상자료: 섬, 마이웨이 소야도	
맞이하기 (30분)	▣ 꽃피는 섬마을 • 섬과 관련된 이야기 나누기 • 작품 만들기 –섬마을의 특색과 주변 구조물 등을 작품에 표현하기 • 작품에 제목 붙이고 설명하기 • 긍정적 피드백 나누기	
마음결 고르기 (30분)	▣ 잡곡 고르기 • 작품명: 내 마음의 보석상자 만들기 • 작품에 제목 붙이고 설명하기 • 마음결 점검하기	

단계(시간)	활동내용	활동사진
본 활동 (90분)	▣ 〈섬마을 선생님〉 노래 듣고 이야기 나누기 ▣ 섬마을 선생님 러브스토리 • 작품 만들기 –섬마을 총각 선생님의 사랑 이야기 표현하기 • 작품에 제목 붙이고 설명하기 • 긍정적 피드백 나누기	
	▣ 당근을 이용한 디저트 • 당근에 관한 이야기 나누기 • 당근라페 만들기 • 당근라페를 활용해 오픈 샌드위치 만들기 • 오픈 샌드위치 시식하기 • 긍정적 피드백 나누기	
마무리 (20분)	▣ 소감 나누기 • 오늘 활동한 내용 나누기 • 활동하면서 새롭게 알게된 점이나 느낀 점 말하기 • 뒷정리하기	
유의사항	당근을 껍질째 사용하도록 한다.	

1. 들어가기

영상자료: 섬, 마이웨이 소야도

출처: https://www.youtube.com/watch?v=6ZcQtZYXm50, KBS 여행 걸어서 세계속으로, 섬여행

소야도는 인천 연안부두에서 쾌속선을 타면 한 시간 정도의 거리에 위치한 섬이다. 영화 〈연애편지〉의 촬영지인 소야도는 수정처럼 맑은 바닷물과 단단하고 고운 모래로 이루어진 백사장이 환상적인 섬이다.

2. 맞이하기: 꽃피는 섬마을

섬에 관한 다양한 질문

- 섬마을을 여행한 경험이 있나요?
- 섬과 관련된 시, 동요, 가요, 영화 등 떠오르는 게 있나요?
- 섬의 풍경이나 자연의 아름다움은 어땠나요?
- 섬 여행 중 기억에 남는 경험은 무엇이었나요?
- 섬에서 먹었던 지역 음식 중 맛있었던 것은 무엇인가요?

작품 만들기

- 준비물: 파란색 색지, 커피콩, 흰 자갈, 조개껍질, 피겨, 울타리, 오렌지 껍질 등
- 내용: 섬마을의 특색과 주변 구조물 등을 작품에 표현한다.
- 방법: ① 파란색 색지를 펼친다.
  ② 섬과 주변을 구성한다.
  ③ 집과 토끼 피겨를 배치한다.

선유도(제작: 오유미)

작품에 제목 붙이고 설명하기 & 긍정적 피드백 나누기

참고자료

섬 이야기

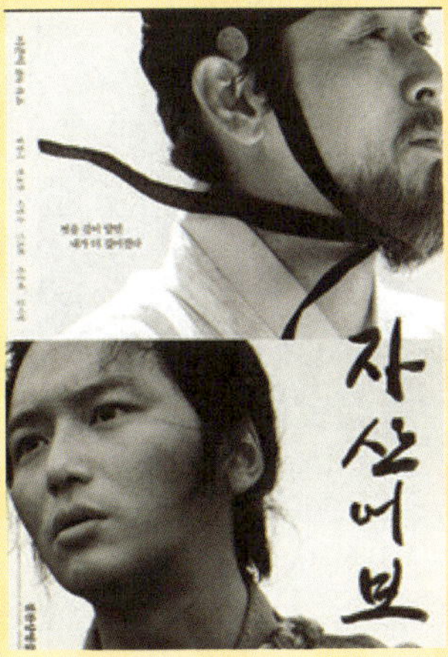

흑산도로 유배 간 정약전 이야기

섬

정현종

사람들 사이에
섬이 있다
그 섬에 가고 싶다

2008년 그리스의 작은 섬 배경

리처드 용재 오닐, 섬집아기

https://www.youtube.com/watch?v=v8lrQQ9zyvk

신안 갯벌 천일염

제주 구좌읍 당근

비금도 섬초

우도 땅콩

진도 대파

울릉도 산마늘 (명이나물)

울릉도 섬쑥부쟁이(부지갱이)

맞이하기 작품: 꽃피는 섬마을

환상적인 빛깔의 보라보라섬
사계절의 변화를 담은 셀프 웨딩촬영을 계획하고 가을편을 찍기 위해 섬을 둘러보고 있다.

가고파!! 아일랜드♡
금빛 해변, 부서지는 파도, 맛있는 요리, 바닷속 탐험을 하면서 스트레스도 풀고 마음 건강을 챙길 수 있는 힐링섬이다.

등대섬에서 따뜻하고 여유로운 하루를 가족과 함께 보내고 있다.

조개구이를 해서 먹고, 불멍하며 데이트하기 좋은 낭만적인 꽃섬이다.

출처: 전북영양교사직무연수팀

3. 마음결 고르기: 잡곡 고르기

작품명: 내 마음의 보석상자

- 준비물: 나무상자 틀, 서랍 칸막이, 잡곡 통, 숟가락, 핀셋, 약과, 이파리, 면포 등
- 내용: 잡곡의 촉감을 느껴 보고 잡곡을 종류별로 분류하여 틀에 담아 본다.
- 방법: ① 면포 위에 잡곡을 쏟는다.
  ② 나무상자 틀에 칸막이를 이용해 칸을 만든다.
  ③ 잡곡을 숟가락, 핀셋을 이용해 담아 본다.
  ④ 약과와 이파리를 배치한다.

작품에 제목 붙이고 설명하기

마음결 고르기를 한 후

- 느껴지는 변화가 있는지 살피고 소감을 나눈다.
- 신체변화(호흡, 긴장)
- 마음상태(안정감, 편안함, 집중력)

응용작품

- 준비물: 작은 나무상자 틀 혹은 계란판, 방울토마토, 부추꽃, 돌나물 등
- 내용: 방울토마토 등 열매와 작은 꽃으로 배열해 본다.
- 방법: ① 화단의 돌나물 꽃과 방울토마토를 나무상자 틀에 하나씩 놓아 본다.
  ② 텃밭의 흔한 돌나물, 부추 등의 꽃도 잘 다듬어 놓아 본다.
  ③ 어느 위치에 어떻게 놓이는가에 따라 다르게 의미를 부여해 본다.

마음결 고르기 작품: 잡곡 고르기

출처: 전북영양교사직무연수팀

4. 본 활동: 섬마을 선생님 러브스토리

〈섬마을 선생님〉 가사

해당화 피고 지는 섬마을에

철새 따라 찾아온 총각 선생님

열아홉살 섬 색시가 순정을 바쳐

사랑한 그 이름은 총각 선생님

서울엘랑 가지를 마오 가지를 마오

~ 중략 ~

출처: https://www.youtube.com/watch?v=OJTR5vFgXsI, TV조선 미스터트롯

누구에게나 다 학창시절에 좋아했던 선생님이 있다. 수줍게 쳐다보고, 혼자 일기장에 적고 했던 선생님, 〈섬마을 선생님〉을 들으며 다시 한번 옛 추억에 잠겨 본다. 늘 반복되는 일상, 늘 같은 사람과 마주치는 섬사람들에게 새로 부임하는 총각 선생님은 홍미와 관심을 불러일으킨다. 임기를 마치고 육지로 돌아가는 총각 선생님과의 섬처녀의 사랑 이야기를 만들어 본다.

작품 만들기

- 작품명: 섬마을 선생님
- 준비물: 부직포, 흰 돌, 조개껍질, 과자, 꽃잎, 울타리, 피겨 등
- 내용: 섬을 배경으로 섬마을 총각 선생님과 섬 색시의 따뜻하고 감동적인 사랑 이야기를 표현한다.
- 방법: ① 부직포를 펼친다.
  ② 섬을 제작하고 과자로 학교를 구성한다.
  ③ 육지를 제작한다.
  ④ 바다에 떠나가는 배를 표현한다.
  ⑤ 주인공 피겨를 배치한다.

들꽃이 피어 있는 풍요로운 섬마을과 애틋한 사랑이 피어나는 학교와 관사를 두고 삭막한 육지의 도시로 떠나가는 총각 선생님을 표현하였다. 섬처녀는 등대에서 그 모습을 바라보고 하염없이 눈물을 흘린다.

작품에 제목 붙이고 설명하기 & 긍정적 피드백 나누기

작품 제작: 섬마을 선생님 러브스토리

총각 선생님이 섬 처녀에게 첫눈에 반해, 고난을 이겨낸 끝에 육지로 나가지 않고 아름다운 섬에 남아 섬처녀와 함께 살기로 결심하고 장가를 간다. 주례는 이장님이고, 섬사람들의 축하를 받으며 결혼식을 올리는 즐겁고 감동적인 장면이다.

원작을 각색하여, 섬으로 처녀 선생님이 발령을 받아 섬의 등대지기 섬 총각을 만나 연인 사이가 되었으나 1년 만에 처녀 선생님이 발령을 받아 다시 화려한 육지로 떠나게 되어 등대지기 총각은 떠나는 배를 바라보며 이별의 슬픔을 참고 견디고 있는 안타까운 장면을 표현했다.

총각 선생님과 섬 처녀는 사랑을 하게 되어 함께 배를 타고 행복한 결혼을 꿈꾸며 육지로 떠나는데, 섬에는 총각 선생님을 남몰래 짝사랑하는 순이가 해변에서 떠나는 두 사람을 멍하니 바라만 보고 또 섬 처녀를 사랑한 섬 총각 철수는 떠나는 배를 쫓아가는 중이다. 안타까운 짝사랑이다.

출처: 전남영양교사직무연수팀

5. 본 활동: 당근을 이용한 디저트

당근에 관한 다양한 질문

- 어린 시절, 당근이나 토마토에 대한 거부감이 없었나요?
- 당근과 토마토를 이용한 디저트 상차림을 차리면서 나는 어떤 느낌이 드나요?

당근라페를 활용한 오픈 샌드위치 만들기

- **재료:** 당근라페(당근500g, 간생강 1t, 올리브유 3T, 홀그레인머스터드 1/2t, 레몬 1개, 소금 1t, 후추), 바게트, 사과, 양배추, 그릭 요거트, 방울토마토 등
- 만드는 방법:

① 당근라페는 당근을 필러로 얇게 썬 후 곱게 채를 썰거나 채칼로 길게 썰어 준다.

② 볼에 채 썬 당근을 담고 소금에 10분 정도 살짝 절여 준다.

③ 당근라페 분량의 소스를 넣어 버무려 준다.

④ 바게트에 당근라페, 그릭 요거트 등을 올려서 만든다.

⑤ 양배추를 곱게 채 썰어서 사과, 당근, 양배추 라페로 활용한다.

https://www.youtube.com/watch?v=hfRcfdUAmzM

참고 바게트 대신 식빵이나 또띠아를 사용할 수 있다.

완성된 오픈 샌드위치 시식하기

긍정적 피드백 나누기

〈다양한 당근요리〉

당근 샐러드

당근 핫도그

당근 케이크

출처: www.freepik.com, Designed by Freepik

작품 제작: 당근라페

출처: 전북영양교사직무연수팀

참고자료

섬에서 한 달 살기

한국기행 그곳에서 한 달만 1부 집도 절도 없이, 우도

- **프로그램명:** 〈한국기행 그곳에서 한 달만 1부 집도 절도 없이, 우도〉
- **방송 일자:** EBS 다큐, 2017.09.04.

낯선 여행자에서 섬의 풍경이 된 남자.

사람의 발길이 드물어 자연 그대로를 간직한 섬, 통영 우도.

난생 처음으로 한 달 살기에 도전하는 김민수 씨가 탁 트인 몽돌해변을 앞마당 삼아 텐트를 쳤다. 그의 한 달 살기는 보통의 여행과 짐부터가 남다르다.

빨랫줄부터 샤워기 호스, 태양열 충전기까지 없는 게 없는 배낭!

딱 하나, 그에게 부족한 식량을 구하기 위해 호쾌한 민박집 이장님 부부와 거북손, 해초 채취에 나선다.

변변찮은 슈퍼조차 없는 우도에서 시원한 커피 한 잔을 위해 얼음을 사러 배를 타고 연화도까지. 한 달이라는 충분한 여정은 또 다른 일상이 된다.

내 집 마당이 된 해변을 청소하고, 스노클링, 낚시, 짧은 여행에서는 누릴 수 없었던 섬을 만끽하는 그는 지금 세상에서 가장 매력적인 한 달을 보내고 있다.

출처: https://www.youtube.com/watch?v=315makJEm6k

과제하기: 음식을 주제로 한 영화 보고 작품 제작하기

(예: 〈카모메 식당〉)

작품사진

제목

준비물

설명

3회기

커피 정원

<table>
<tr><td>활동명</td><td colspan="2">커피 정원</td></tr>
<tr><td>활동목표</td><td colspan="2">인식을 긍정적으로 전환하고 생태 감수성을 증진한다.</td></tr>
<tr><td>준비물</td><td colspan="2">푸드키트, 부직포, 미니 다이제, 시리얼, 손뜨개 받침, 커피 가루, 자연물, 고운 체, 커피믹스 등</td></tr>
<tr><td>단계(시간)</td><td>활동내용</td><td>활동사진</td></tr>
<tr><td>들어가기
(10분)</td><td>▣ 워밍업
• 영상자료: 우리나라 커피의 역사</td><td></td></tr>
<tr><td>맞이하기
(30분)</td><td>▣ 강의: 긍정적 인식 개선
▣ 커피 정원
• 커피에 관한 다양한 질문으로 이야기 나누기
• 작품 만들기
–두 명씩 조를 지어 상대방을 환영하는 작품 만들기
• 작품에 제목 붙이고 설명하기
• 긍정적 피드백 나누기</td><td></td></tr>
<tr><td>마음결 고르기
(30분)</td><td>▣ 커피콩 배열하기
• 마음 성장에 관한 질문으로 이야기 나누기
• 작품 만들기
• 작품에 제목 붙이고 설명하기
• 마음결 점검하기</td><td>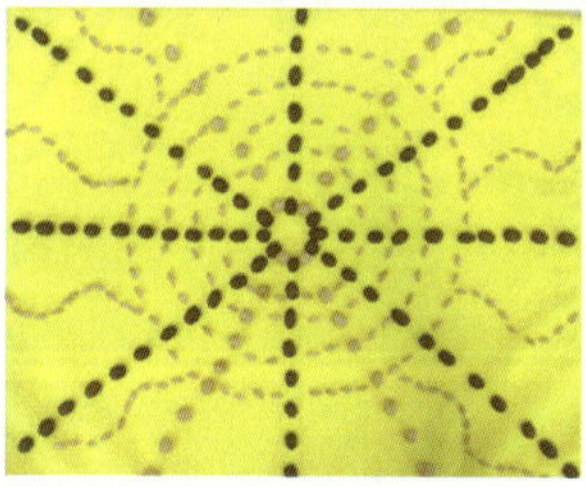</td></tr>
</table>

단계(시간)	활동내용	활동사진
본 활동 (90분)	▣ 마음밭 경작하기(협동활동) • 함께하는 동료끼리 마음밭에 대한 의견 나누기 • 마음을 가꾸는 마음으로 꾸미기 • 작품에 제목 붙이고 설명하기 • 긍정적 피드백 나누기	
	▣ 응용: 따로 또 같이(협동활동) • 한 명씩 마음 가는 대로 손가락으로 그리기 • 교대로 그림을 이어서 그리기 • 그림을 완성한 후, 느낌을 나누기 • 긍정적 피드백 나누기 ▣ 응용: 나도 꽃 • 커피믹스를 활용해 나도 꽃을 표현하기 • 작품에 제목 붙이고 설명하기	
마무리 (20분)	▣ 소감 나누기 • 오늘 활동 내용 나누기 • 활동하면서 새롭게 알게 된 점이나 느낀 점 말하기 • 뒷정리하기	
유의사항	커피 원두 찌꺼기를 활용하는 경우 잘 말려서 사용한다.	

1. 들어가기

영상자료: 우리나라 커피의 역사

출처: https://www.youtube.com/watch?v=frMKJ-g_cSI, YTN2 밀덕스, 우리나라 커피의 역사

강의

"이 생각 주로 하는 사람... 남들보다 오래 산다" 긍정적 인식 개선

사람들은 건강히 오래 살기 위해 운동, 식단 관리에만 집중하는 경향이 있다. 하지만 자신의 '생각' 관리에 신경 쓰는 것도 중요하다. 긍정적인 생각을 주로 하는 사람은 비관적인 생각을 하는 사람보다 오래 산다는 사실을 증명한 연구 결과가 많다.

전문가들은 **부정적인 사람은 긍정적인 사람에 비해 스트레스가 많고, 불안, 걱정을 많이 느끼기 때문에 만성 심장질환을 앓을 위험이 큰 것이 빨리 사망하는 원인이라고 추정**했다. 연구팀은 낙관적인 사람은 적극적으로 문제를 해결하려는 경향이 있기 때문에 약물 순응도가 높고, 운동이나 건강한 식단, 금연과 같이 바람직한 건강 행동을 보일 가능성이 높아 면역 기능이 향상되기 때문으로 분석했다.

미국 보스턴의대 여성 6만 9,744명과 남성 1,429명을 대상으로 여성은 10년(2004~2014년), 남성은 30년(1986~2016년)간 설문을 통해 추적 관찰. 연구팀은 대상자들의 건강 상태, 식사와 운동 습관 등 변수를 고려하였다. 분석 결과, **가장 긍정적인 성격을 가진 여성(상위 20%)은 비관적인 여성들보다 평균 수명이 14.9% 더 길었다.** 남성은 그 차이가 비교적 덜했지만, 가장 긍정적인 그룹의 수명이 10.9% 더 길었다.

하버드대 하야미 코가 박사 연구팀은 1993~1998년 '여성 건강 이니셔티브' 프로그램에 등록된 16만 명의 데이터를 수집하였다. 이후 26년간 추적 관찰해 이들의 긍정적 사고 수준을 측정하였다. 그 결과, **가장 긍정적인 상위 25%의 여성은 하위 25%의 여성보다 90세가 될 확률이 10% 더 높았다.** 미국 성인의 평균 기대 수명은 80세다.

일산백병원에서 **낙관주의적 성향을 가진 사람에서 질병 치료가 더 잘 된다는 연구 결과**를 내놓은 바 있다. 일산백병원 연구팀에 따르면, 낙관주의 점수가 높을수록 COPD(만성폐쇄성폐질환) 악화가 덜 되고, 운동 능력과 삶의 질이 향상됐다.

기사 출처: https://m.health.chosun.com/svc/news_view.html?contid=2023060801871, 헬스조선

부정적인 인식을 하는 이유에 대해 알아보기

1. 심리적 요인

- 부정적인 자기 이미지: 자신에 대한 낮은 자존감이나 자아상으로 인해 부정적인 사고 패턴이 형성될 수 있다. 자신이 부족하거나 실패할 것이라고 믿는 경향이 있다.
- 불안과 우려: 미래에 대한 불안이나 현재의 스트레스가 부정적인 인식을 강화할 수 있다. 예상되는 부정적인 결과를 걱정하거나 불안감이 과도할 때 발생할 수 있다.
- 우울증: 우울증은 일반적으로 부정적인 사고를 동반한다. 자신, 타인, 세상에 대한 부정적인 관점이 우울증의 증상 중 하나일 수 있다.

2. 인지적 요인

- 인지 왜곡: 자신의 생각을 비현실적으로 왜곡하여 부정적인 결과를 상상하거나 현재 상황을 부정적으로 해석할 수 있다. 예를 들어, 모든 것을 극단적으로 생각하는 '이분법적 사고'가 이에 해당한다.
- 확증 편향: 이미 가지고 있는 신념이나 기대를 확인하는 정보에만 주목하고, 반대되는 정보를 무시하는 경향이 있다. 이로 인해 부정적인 관점이 강화될 수 있다.

3. 사회적 요인

부정적인 사회적 환경: 주변 사람들이 부정적이거나 비판적인 태도를 취하는 경우, 이로 인해 자신도 부정적인 인식을 가지게 될 수 있다. 사회적 비교나 비판적 피드백도 영향을 미친다.

4. 문화적 요인

어떤 문화나 사회는 실패를 더 부각시키고 비판하는 경향이 있으며, 이러한 환경에서 자라면 부정적인 인식이 형성될 수 있다.

5. 경험적 요인

- 과거의 실패 경험: 과거의 실패나 부정적인 경험이 현재의 인식에 영향을 미칠 수 있다. 이전의 부정적인 경험이 반복될 것이라는 두려움을 불러일으킬 수 있다.
- 부정적인 사건: 과거에 겪었던 큰 충격적 사건이나 스트레스가 현재의 인식에 영향을 미칠 수 있다. 트라우마가 부정적인 사고 패턴을 강화할 수 있다.

6. 생리적 요인

신경화학적 요인: 뇌의 신경전달물질 불균형이 부정적인 감정과 사고를 유발할 수 있다. 예를 들어, 세로토닌 부족은 우울증과 관련이 있을 수 있다.

7. 생존 본능과 적응

위험 회피 본능: 인간의 본능 중 하나는 위험을 회피하는 것이다. 과거의 경험에서 얻은 교훈으로 부정적인 결과를 예측하고 이를 회피하려는 경향이 있다.

긍정적 인식 개선하기

긍정적 인식 개선은 개인 또는 집단이 자신의 생각, 태도, 그리고 행동에 대한 인식을 개선하고 더욱 긍정적인 방향으로 전환하는 것을 의미하며, 개인 및 집단의 삶의 질을 향상시키고 보다 건강하고 번영하는 사회를 형성하는 데 기여한다.

1. 자기인식 개선

개인이 자신의 능력, 가치, 자아를 긍정적으로 인식하고 자신감을 키우는 것을 의미한다. 이는 성취감을 높이고 스트레스를 감소시키며, 정서적 안정감을 제공한다.

2. 타인에 대한 긍정적인 인식

다른 사람들에 대한 태도를 개선하여 편견이나 부정적인 태도를 줄이고 이해와 존중을 높이는 것으로 이는 사회적 관계를 향상시키고 협력과 연대를 촉진한다.

3. 환경에 대한 긍정적인 인식

자연과 환경에 대한 인식을 개선하여 보다 책임 있는 환경 시민이 되도록 유도한다. 이는 지구 환경을 보호하고 지속 가능한 생활 방식을 채택하는 데 도움이 된다.

4. 문제 해결능력 강화

긍정적인 인식은 문제 해결능력을 강화하고 도전에 대한 긍정적인 태도를 촉진한다. 이는 새로운 아이디어를 발전시키고 새로운 상황에 대처하는 데 도움이 된다.

5. 성공과 성취에 대한 인식 개선

개인이 자신의 성과와 성취를 긍정적으로 평가하고 인정하는 것은 자기존중감과 만족감을 높이는 데에 도움이 된다.

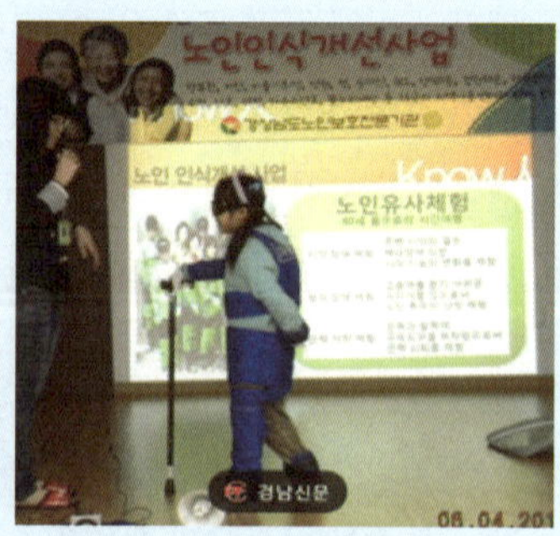

출처: https://chatgpt.com, 부정적, 긍정적 인식 개선

2. 맞이하기: 커피 정원

커피에 관한 다양한 질문

- 커피와 관련된 추억이 있나요?
- 추천하고 싶은 예쁜 카페나 풍경이 멋진 카페가 있나요?
- 커피 한잔의 여유를 즐기나요?
- 커피와 함께 즐기기 좋은 음식이나 디저트는 무엇인가요?
- 커피의 건강 효능과 부작용에 대해 어떻게 생각하나요?

커피, 알고 먹으면 더 맛있고 건강하다
출처: https://www.youtube.com/watch?v=c55nF8EefxE

작품 만들기

- 준비물: 테이블보, 원두커피, 미니 다이제, 미니 컵 시리얼, 양초, 손뜨개 받침, 자연물 등
- 내용: 한 번쯤 가 보고 싶은, 예쁜 풍경이 있는 카페를 표현한다.
- 방법: ① 테이블보를 펼친다.
  ② 원두커피를 자유롭게 펼친다.
  ③ 미니 다이제와 시리얼을 활용해서 센터피스를 만든다.
  ④ 미니컵, 자연물을 배치한다.

제작: 이정연

작품에 제목 붙이고 설명하기 & 긍정적 피드백 나누기

맞이하기 작품: 커피 정원(I)

바다와 숲길이 보이는 전망대 카페

시크릿가든 카페는 유명하지는 않지만 자연에 둘러싸여 조용하고 평안한 카페

고요한 향기 카페
자그마한 숲의 낙엽 향, 나무들이 뿜어내는 피톤치드향과 커피콩 볶는 구수한 향으로 지치고 힘든 마음을 쓰다듬어 주는 곳이다.

우리들의 고요한 찻집
기른 커피콩을 볶아 향기 나는 곳에 맛있는 다과상을 준비. 커피 한잔의 여유를 느끼며 친구의 의자를 준비하고 기다리는 중. 어서 오너라, 언제든지 너의 자리는 여기 이곳에 있으니 와서 함께 즐기자.

찐 카페, 숲속에서 자연과 함께 인생을 나누는 카페

강과 산을 함께 둘러볼 수 있는 야외 카페

출처: 전북영양교사직무연수팀

맞이하기 작품: 커피 정원(2)

어느 산 높은 곳에 커피하우스가 있다. 카페 앞 의자에 앉아서 커피 마시면서 풍경을 보고 싶다. 힐링하는 듯하다.

커피향 그윽한 테이블에 둘러앉아 오순도순 이야기꽃을 피우는 카페

힐링 커피정원. 그늘이 되어 주는 큰 나무. 꽃들이 가득한 정원. 시원한 물줄기를 쏘아 올리는 분수대. 그네에 앉아 시원한 바람을 맞고 있는 나. 행복의 시간!

옛날을 회상하며, 어두운 밤 물레방아간 돌방석에 앉아 둘이서 커피를 마시니 마냥 좋은 생각에 들뜬 사랑이 싹트는 것을 표현하였다.

뒷동산을 배경으로 앞에는 시냇물이 흐르는 곳에 위치한 나만의 카페

내가 좋아하는 사람들과 따뜻한 커피를 마시며 맛있는 음식 함께하는 상상을 해 본다.

출처: 안산대학교

3. 마음결 고르기: 커피콩 배열하기

마음 성장에 관한 다양한 질문

- 살면서 내 마음이 성장했다고 경험해 본 적이 있나요?
- 마음의 성장을 위해 하고 있는 활동이 있나요?

마음결 고르기

- 작품명: 마음 성장
- 준비물: 부직포, 커피콩, 아몬드, 핀셋, 과자 등
- 내용: 곡물로 마음이 성장하는 패턴을 만든다.
- 방법: ① 부직포를 펼친다.
  ② 커피콩과 아몬드를 핀셋으로 하나씩 놓으면서 집중한다.

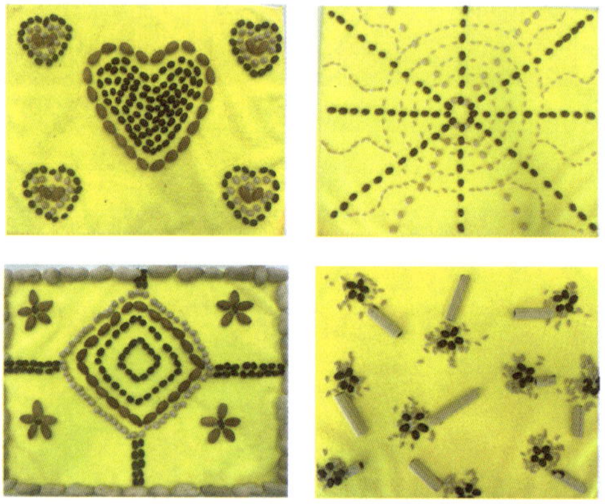

작품에 제목 붙이고 설명하기

마음결 고르기를 한 후

- 느껴지는 변화가 있는지 살피고 소감을 나눈다.
- 신체변화(호흡, 긴장과 이완)
- 마음상태(안정감, 편안함, 집중력 등)

내 마음의 '코어 근육'을 키우는 아주 구체적인 방법, '코어 마인드'

몸을 건강하게 다지려면 허리, 복부와 등 근육 같은 '코어 바디'가 단단해야 하듯 인생의 어려움과 굴곡을 잘 이겨 내고 제대로 살아가려면 내 마음 중심에 있는 '코어 마인드'가 단단해야 한다. 『코어 마인드』는 이러한 코어 마인드 훈련법을 소개한 책이다.

지나영 저/위즈덤하우스/2023년

출처: https://v.daum.net/v/20231014070035842 중앙일보 내 마음의 '코어 근육'을 키우는 아주 구체적인 방법

마음결 고르기 작품: 커피콩 배열하기

겉모습은 같아 보여도 마음은 성장하는 뿌리 깊은 나무가 되어 가고 있다.

나를 이해하고 사랑하는 마음이 중심이 되어 자기애의 빛이 펼쳐지고 있다.

열린 마음으로 나와 다를 수 있음을 인정하고 수용하자.

점점 커져 가는 마음

무엇이든 가득 채우려는 마음에서, 주변을 비워 가니 나의 별이 보이기 시작한다.

새싹이 올라오듯 새로운 나

출처: 전북영양교사직무연수팀

4. 본 활동: 마음밭 경작하기

마음밭 관련 다양한 질문

- 현재 마음의 상태: 현재 마음밭의 상태를 어떤가요?
- 마음밭의 주인: 내 마음밭의 주인은 누구인가요? 그 주인은 어떤 역할을 하나요?
- 마음밭을 가꾸는 방법: 마음밭을 풍요롭게 만들기 위해 어떤 노력을 기울이나요?
- 변화와 성장: 마음 밭이 변화하거나 성장하는 모습을 표현해 보고, 그 변화는 어떤 의미를 갖고 있나요?

작품 만들기: 마음밭 경작하기(협동활동)

- 준비물: 커피가루, 나뭇잎, 꽃, 자갈, 과자, 가는 체 등
- 내용: 커피가루를 활용해 마음밭을 표현한다.
- 방법: ① 커피가루를 체로 가지런하게 펼친다.
  ② 차례대로 손가락으로 그림을 그린다.
  ③ 우리들의 마음밭을 가꾸는 마음으로 꾸며 본다.
  ④ 활동을 정리하고, 그리면서 느낀 마음을 나눈다.

작품에 제목 붙이고 설명하기 & 긍정적 피드백 나누기

응용 활동 1: 현재 나의 마음밭 표현하기

- 준비물: 색지, 원두커피가루, 명상음악 등
- 내용: 커피가루를 사용하여 자신의 마음밭을 시각적으로 표현한다.

응용 활동 2: 나도 꽃

- 준비물: 색지, 커피믹스 1봉지, 멘토스 등
- 내용: 커피믹스 1봉지로 나를 닮은 꽃을 표현한다.
- 방법: ① 색지를 펼친다.
  ② 커피믹스를 솔솔 뿌려 가며 표현한다.

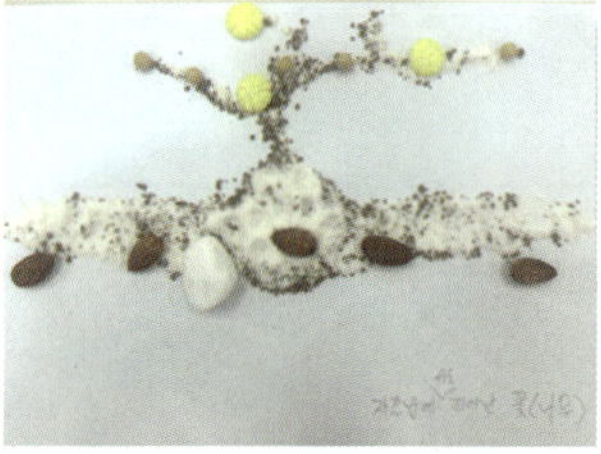

자갈밭에서도 피어난 꽃

힘든 시간을 이겨 내고,
드디어 열매를 맺은 나

땅에 단단히 뿌리내린 꽃

흔들리는 꽃

커다란 한 송이 꽃,
앞으로도 더 활짝 피어날 거야

꿈을 꾸며 하늘을 나는 꽃

눈꽃

아직 못다 핀 꽃봉오리

꽃과 나비

응용 활동 3: 따로 또 같이(협동활동)

- 준비물: 색지, 커피가루, 가는 체 등
- 내용: 모둠원이 말하지 않고 차례대로 커피가루에 표현한다.
- 방법: ① 색지를 먼저 깔아 놓는다.
  ② 커피가루를 체로 가지런하게 펼친다.
  ③ 대화를 하지 않고 손가락으로 그림을 그린다.
  ④ 한 명씩 교대로 그림을 그린 후 서로 무엇을 생각하면서 그림을 완성했는지 이야기 나눈다.
- 작품활동을 한 후 소감 나누기

  일상에서 타인의 마음을 얼마나 이해하고 있나요?

  오늘 하루 내 마음을 제일 잘 알아주고 공감해 준 사람은 누구인가요?

협동 작품: 마음밭 경작하기

마음 풍경 소리~

시든 나무와 생명이 가득한 반반 나무

귀촌

사계절 꽃을 볼 수 있는 정원을 가꾸고 텃밭에 농작물을 심어 소소한 즐거움을 갖는다.

다른 듯 닮은 듯 느낌이 통함.

서로의 마음을 연결해 주는 길은 하는 일이 같아서? 자연을 좋아하는 마음?

출처: 전북영양교사직무연수팀

응용 작품 제작: 나도 꽃

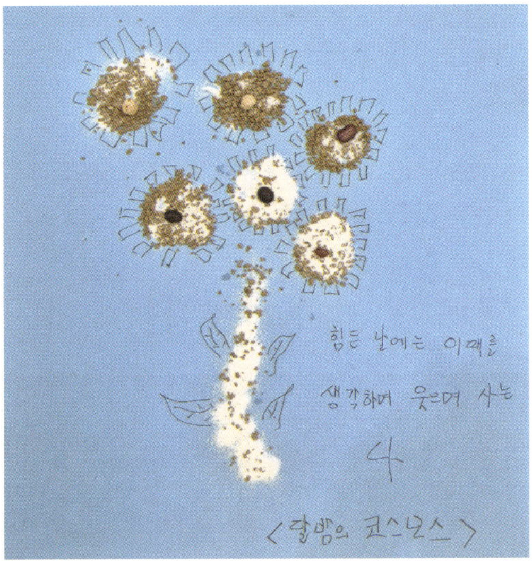

아름다운 고향의 코스모스 길
학창시절 학교에 전근 오신 선생님을 환영하고 석별의 정으로 전근 가신 선생님들을 전교 학생들이 나란히 서서 박수 치며 맞이하고 보냈던 아름다운 길이기도 하다. 추억은 아름답다. 마음을 편안하게 해 준다.

백일홍 꽃
옛날 시골 화단에 가지도 별로 없이 꽃잎이 많고 홍색이며 가냘프게 홀로 핀 백일홍 꽃을 좋아했어요. 그러나 지금의 백일홍은 쓸쓸히 보이지 않고 튼튼하고 알차게 보여서 가끔 나를 비유합니다. 식재료로 백일홍 꽃을 만들어 보니 새삼 뿌듯했습니다.

자연스럽게. 현실 흘러가는 대로. 건강과 가정이 평안하길...

지금은 항상 웃는 해바라기 꽃이 되었습니다.

출처: 안산대학교

응용 작품: 마음밭의 주인은 나!

집을 깔끔하게 정리하듯 내 마음에서 버리고 간수해야 할 것은 너무 그리운 남편. 이젠 조금 떼어 냈으면 한다.

내 마음에서 버릴 것은 어릴 적 아픔에 대한 기억... 그 아픈 기억을 버리기 위해 현재의 나는 노력 중이다. 현재 지금 이 순간을 소중하게 여기며...

집을 깨끗하게. 아이들 어렸을 땐 일이 더~ 많았지만 정리하며 살았고, 지금은 더 넓고 아이들도 더 컸고 시간도 많은데 어지럽게 해 놓고 살아서 핀잔을 받으며 살고 있다.

내 마음에 항상 간직하고 싶은 것은 정겨운 항아리다. 항아리를 보면 안정감이 있고 고향의 향수로도 느껴서 나는 항상 항아리를 내 마음의 밭으로 삼고 있다. 버릴 것은 나의 옆에 항상 많이 있는 옷과 신발들을 정리하고 싶다.

출처: 안산대학교

버릴 것과 가지고 갈 것 표현해 봤다. 떠나 버린 남편과 자식들과의 정을 생각해 봤다. 홀로서기.

내가 꿈꾸는 미래와 현재의 나.
가족을 위해 포기했던 나의 꿈.
뒤죽박죽인 내 마음.

내 마음에서 버리고 간수해야 할 것은?
하루 커피 3잔 정도 마시는 것 같다. 1~2잔으로 줄이고 조용하게 신랑이랑 울 치치랑 편안하게 살고 싶다.

내 마음이 행복한 게 제일 중요한 것 같다. 친구들과 여유 있게 수다를 떨며 맛있는 거 먹으면서 보낸다.

출처: 안산대학교

4회기

가을 소풍

활동명	가을 소풍	
활동목표	생태 감수성을 증진한다.	
준비물	기본 푸드키트, 동영상, 자연물, 색지, 부직포, 피겨 , 핑거푸드 식재료, 과도, 도마 등	
단계(시간)	활동내용	활동사진
들어가기 (10분)	▣ 워밍업 • 영상자료 〈오늘의 브런치〉, 〈10월의 어느 멋진 날에〉 중 택 1	
맞이하기 (30분)	▣ 가을 소풍 • 가을 소풍과 관련된 이야기 나누기 • 작품 만들기 –편안하고 즐거운, 환영의 뜻을 담아 맞이하기를 표현하기 • 작품에 제목 붙이고 설명하기 • 긍정적 피드백 나누기	
마음결 고르기 (50분)	▣ 행복의 순환고리 • 행복한 삶의 조건 등에 관한 이야기 나누기 ▣ 잡곡 배열하기 • 작품 만들기 • 작품에 제목 붙이고 설명하기 • 마음결 점검하기	

단계(시간)	활동내용	활동사진
본 활동 (70분)	▣ 소중한 나 대접하기 • 핑거푸드 만들기 • 핑거푸드로 푸드코디네이션 만들기 • 작품에 제목 붙이고 설명하기 • 긍정적 피드백 나누기	
마무리 (20분)	▣ 소감 나누기 • 오늘 활동한 내용 나누기 • 활동하면서 새롭게 알게 된 점이나 느낀 점을 말하기 • 뒷정리하기	
유의사항	마음결 고르기 활동 시 핀셋을 활용해 작품을 표현한다.	

1. 들어가기

영상자료: 오늘의 브런치, 10월의 어느 멋진 날에

출처: https://www.youtube.com/watch?v=_v_jt6dXrO0

출처: https://www.youtube.com/shorts/oo5mkK7DVRITVCHOSUN MUSIC

2. 맞이하기: 가을 소풍

가을과 관련된 다양한 질문

- 가을의 시작: 어떤 가을 풍경이 가장 보고 싶나요?
- 가을 음식: 꼭 먹어 보고 싶은 가을철 음식은 무엇인가요?
- 독서의 계절: 가을에 읽고 싶은 책이나 추천할 만한 책이 있나요?
- 가을 여행: 가고 싶은 여행지는 어디인가요?
- 가을꽃: 가을을 대표하는 코스모스, 국화 등 어떤 꽃을 좋아하나요?
- 가을 운동: 가을에 즐기고 싶은 야외 활동은 무엇인가요?
- 가을 패션: 즐겨 입는 가을 패션 아이템은 무엇인가요?
- 문화 행사: 가을에 참석하고 싶은 문화 행사나 축제는 무엇인가요?

응용 질문

- "눈이 부시게 푸르른 날은 그리운 사람을 그리워 하자"라는 가사처럼 그리운 사람이 있나요?
- 그 사람을 그리워하는 이유는 무엇인가요?
- 그리운 그 사람에게 하고 싶은 말이 있다면 무엇인가요?

출처: https://www.youtube.com/watch?v=vwMDBXsC4h4, KBS 레전드케이팝, 불후의 명곡

가을에 볼 수 있는 꽃 중 수줍음을 타는 소녀 코스모스 이야기

코스모스는 쌍떡잎식물이고 통꽃이다. 멕시코 원산의 1년초로서 관상용으로 널리 심고 있으며 높이 1~2m이고 털이 없으며 가지가 많이 갈라진다. 한국 고유어로는 살살이꽃이라 부른다. 코스모스의 꽃말, '소녀의 순정'은 코스모스가 가을바람에 한들거리는 모습이 소녀가 가을바람에 수줍음을 타는 것처럼 보이는 데서 유래되었다고 한다. 신이 이 세상을 아름답게 만들기 위해 제일 처음 만든 꽃으로, 처음 만들다 보니 모양과 색을 요리조리 다르게 만들어 보다가 지금의 하늘하늘하고 여러 가지 색을 가진 코스모스가 만들어졌다는 전설이 있다.

작품 만들기

- 준비물: 흰 면포, 볍씨, 피겨, 모형물(의자, 벤치, 찻잔, 화병), 자연물(단풍잎, 솔방울, 측백나무 잎 등) 등
- 내용: 자연물을 이용하여 가을 소풍을 표현한다.
- 방법: ① 흰색 면포를 펼친다.
  ② 나뭇잎, 솔방울 등 자연물을 자유롭게 배치한다.
  ③ 볍씨를 깔고 나무벤치를 배치한다.
  ④ 피겨와 화병을 배치한다.
  ⑤ 찻잔을 배치한다.

작품에 제목 붙이고 설명하기

긍정적 피드백 나누기

맞이하기 작품: 가을 소풍

가을 감나무를 바라보며

나무의 가지마다 주렁주렁 매달린 주황빛 감이 있는 나무를 바라보며 가을의 풍요로움을 표현했고, 감이 익어 맛있게 먹을 수 있는 기대감을 갖게 한다. 자연스럽게 흘러가는 뭉게구름 표현은 가을의 아름다움에 감탄하며, 마음속 깊이 여유와 평화를 찾는다. 이 모든 것이 가을의 특별한 선물처럼 느껴진다.

가을 단풍놀이 추억

단풍놀이 가서 친구들과 함께 나무 아래에서 사진을 찍고, 낙엽을 밟으며 내는 소리는 어린 시절의 추억을 떠올리게 하여 마음을 따뜻하게 해 준다. 가을의 풍성한 먹거리인 군고구마 등을 준비해 친구들과 나누어 먹으며 웃고 떠들었던 순간이 소중한 추억으로 기억이 난다.

나 홀로 공원 산책

가을 산책은 선선한 바람과 함께 울긋불긋 물든 나무들이 어우러져, 자연의 아름다움을 만끽할 수 있는 시간이다. 산책을 시작하면, 먼저 상쾌한 공기가 폐 깊숙이 스며드는 느낌이 들고 자연과의 교감으로 일상의 스트레스가 잊혀지는 듯한 기분이 들어 마음의 여유를 찾는 소중한 시간이다.

풍성한 가을 소풍(협동작품)

선선한 바람과 맑은 하늘, 그리고 주위의 나무와 꽃, 억새풀 등 화려한 색으로 물들어 가는 가을에 가족과 친구들과 소풍을 가서 즐거운 시간을 보내는 모습을 표현했다. 특히 가을에 수확한 늙은 호박, 고구마, 밤, 무화과, 말린 채소류는 더욱 가을 향기가 물씬 피어오른다. 여기에 따뜻한 커피가 더해져 소풍의 즐거움을 더 한다.

출처: 전북영양교사직무연수팀

참고자료

가을 단풍 여행지도

신성리 갈대밭

충남 서천군에 있으며 영화와 드라마에 등장하는 친숙한 갈대밭으로 금강과 서해바다가 만나는 지대에 형성되었으며, 우리나라 4대 갈대밭 중 하나로 꼽힐 만큼 넓다. 특히 영화 〈공동경비구역 JSA〉, 드라마 〈킹덤〉 등 여러 영화, 드라마의 촬영지로 활용될 만큼 경관이 아름답고 친숙하다. 또한 햇볕이 여울지는 금강 물결과 신비한 조화를 이루고 겨울철에는 고니, 청둥오리 등 철새의 군락지이기도 하여 자연학습, 출사지로도 각광받고 있다.

경북 천년숲정원

경주 동남산 기슭에 자리한 '경북 천년숲정원'은 본래 경상북도 산림환경연구원이었다. 산림환경을 조사하고 천연기념물 후계목의 증식과 보존, 병해충 방제 등 산림보호를 위한 연구 기관이었으나 2023년 시민에게 개방된 숲공원으로, 지자체가 조성하고 관리하는 지방정원으로는 국내 5번째이고 경북에서는 1호이다.

반계리 은행나무

강원도 원주시 문막읍에 있는 반계리 은행나무는 1964년 1월 31일 천연기념물로 지정되었다. 나무의 정확한 나이는 알 수 없으나, 대략 800년이 넘은 것으로 추정하고 있다.

출처: https://korean.visitkorea.or.kr/main/main.do, 대한민국 구석구석

3. 마음결 고르기: 행복의 순환고리

행복한 삶의 조건에 관한 다양한 질문

행복이란 개인이 느끼는 긍정적인 감정 상태로 만족감, 기쁨, 사랑, 성취감 등을 포함한다. 행복은 주관적인 경험으로 사람마다 그 정의와 기준이 다를 수 있다. 어떤 사람은 가족과의 시간에서 행복을 느끼고, 다른 사람은 직업적 성취나 취미 활동에서 행복을 찾는다. 행복은 희망을 그리는 상태에서의 좋은 감정으로 심리적인 상태나 이성적 경지 또는 자신이 원하는 욕구와 욕망이 충족되어 만족하거나 즐거움과 여유로움을 느끼는 상태, 불안감을 느끼지 않고 안심하는 것을 의미한다.

출처: 위키백과

- 당신에게 행복이란 무엇인가요?
- 행복을 느끼는 순간은 어떤 때인가요?
- 행복한 삶을 살기 위한 3가지 조건을 꼽는다면 무엇인가요?
- 3가지 조건에 비추어 볼 때 지금 얼마나 행복한가요?
- 행복을 유지하기 위한 방법은 무엇이 있을까요?
- 행복을 느끼기 위해 꼭 필요한 가치관이나 믿음은 무엇인가요?
- 다른 사람들과의 관계가 내 행복에 미치는 영향은 어떤가요?

작품 만들기

- 준비물: 부직포, 아몬드, 콩, 이파리, 흰 자갈 등
- 내용: 나의 행복의 순환고리를 표현한다.
- 방법: ① 부직포를 펼친다.
  ② 핀셋으로 아몬드, 이파리를 원모양으로 놓는다.
  ③ 콩을 자유롭게 첨가한다.

작품에 제목 붙이고 설명하기

마음결 고르기를 한 후

- 느껴지는 변화가 있는지 살피고 소감을 나눈다.
- 신체변화(호흡, 긴장과 이완)
- 마음상태(안정감, 편안함, 집중력 등)

참고자료

한국인의 행복지수

최근 2023년 세계 행복 보고서에 따르면, 한국인의 행복지수는 약 5.94점으로 150여 개국 중 57위에 위치하고 있다. 이는 경제적 성장에도 불구하고 한국인의 정서적 안녕과 사회적 관계가 행복에 미치는 영향을 반영한다. 또한 다른 조사에 따르면 한국 성인의 행복지수는 10점 만점에 6.68점으로, 주관적으로 행복하다고 느끼는 비율은 전체의 34.7%였다. 성별로는 남자 35.4%, 여자 34.2%였다. 연령별로 나눠 보면, 19~44세 39.5%, 45~64세 35.3%, 65~74세 29.7%, 75세 이상 25.7% 등으로 나이가 많아질수록 행복지수는 낮아졌다. 연구진은 "노년기, 즉 노인이 될수록 행복하지 않다고 해석할 수 있는 결과"라며 "이는 노인 빈곤율과 노인 자살률이 높은 현재 한국 사회의 상황을 반영한다고 볼 수 있다."라고 분석했다. 이러한 행복지수는 한국 사회의 삶의 질과 개인의 삶의 만족도를 나타내는 중요한 지표이다.

출처: https://www.joongang.co.kr/article/25182188, 중앙일보

OECD 국가 삶의 만족도 (단위: 점)

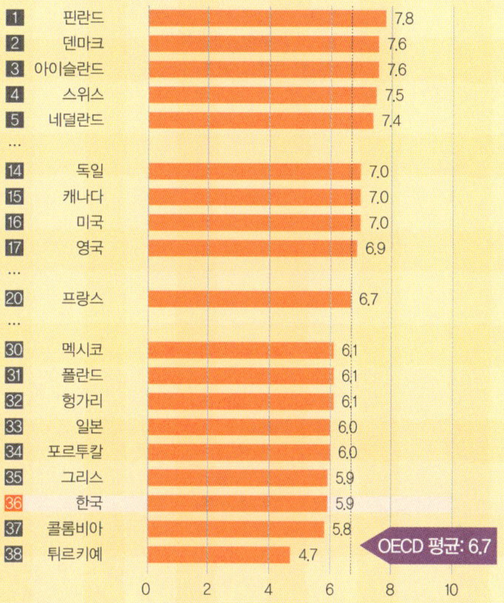

* 2019~2021년 기준
* 자료: UN SDSN, World Happiness Report 2022

참고 '2022 국민 삶의 질 보고서'에 따르면 2019~2021년 기준 우리나라 국민의 '삶의 만족도' 점수는 10점 만점에 5.9점으로, OECD 국가 38개국 중 36위에 해당했다.

한국과 반대로 북유럽 국가들이 높은 행복지수를 기록하는 이유는 여러 가지가 있다.

1. 강한 사회 내부 시스템
2. 높은 수준의 개혁
3. 일과 삶의 균형(Work–Life Balance)
4. 사랑과 커뮤니티 의식
5. 우수한 교육 시스템
6. 환경과 자연과의 조화
7. 개인의 자유와 자율성 부여

뇌과학자 장동선 교수는 내가 행복했던 순간을 떠올리며 행복의 3가지 조건(자율성, 유능성, 연결성) 중 어떤 조건이 더 중요한지에 대해 이야기한다.

출처: https://www.youtube.com/watch?v=XxCoUpPMHQc, 조승연의 탐구생활

마음결 고르기 작품: 잡곡 배열하기

몸과 마음의 순환

스트레스는 신체에 부정적인 영향을 미치는데 면역체계를 약화시키고, 소화 문제, 심혈관 질환 등의 위험이 증가시킬 수 있다. 따라서 마음의 평화를 유지하는 것이 중요하다. 몸과 마음의 순환은 서로를 지지하며, 건강한 삶을 위해서는 두 가지 모두를 균형 있게 관리하는 것이 중요하다. 마음이 안정되면 신체적 활동에 대한 의욕이 생긴다.

가족의 화합, 경제적 여유, 나의 일 순환

가족의 화합은 정서적 지지와 안정감으로 개인의 일에 긍정적인 영향을 미치고, 나의 일은 직업에 대한 만족과 안정이 경제적 여유를 준다.

경제적 여유는 가족의 화합을 증진시키고, 더 많은 기회를 제공한다. 각 요소가 잘 작동할 때, 가족은 더욱 화합하고, 경제적 여유를 누리며, 개인의 일에서도 만족을 찾을 수 있어 건강하고 행복한 가정을 만드는 데 기여한다.

운동과 독서의 양 날개

몸이 안 좋아 운동을 시작하고 몸이 좋아지는 것을 느끼며 운동의 효과를 보고 다른 지인들에게 운동을 전도하고 있다. 독서는 자녀와의 관계를 개선하고자 다양한 독서를 통해 다른 관점의 이해를 하면서 개인적으로 성장하는 계기가 되었다. 운동과 독서는 전반적인 삶의 질을 향상시키며, 신체적 · 정신적 건강을 동시에 증진시키는 데 기여한다.

가족의 연결고리

바쁜 일상 흩어졌던 마음을 모아 한 그루의 행복 나무가 되는 가족의 연결고리. 일상이 지치고 힘들어도 가족만 생각하면 힘과 용기가 생긴다.

출처: 전북영양교사직무연수팀

가족의 행복, 자유

남편과 아들, 딸의 존재가 양쪽에 사랑의 하트로 그려지면서 행복 순환이 이뤄지고 있다. 전체적으로 나비 모양을 표현한 것은 나를 위해 운동 ,여행 등 시간을 투자하는 자유를 누리고 있는 모습을 표현했다.

생각의 순환

긍정적인 생각의 순환으로 긍정적인 감정이 생기고 적극적으로 행동하게 함으로 긍정적인 결과를 얻는다.

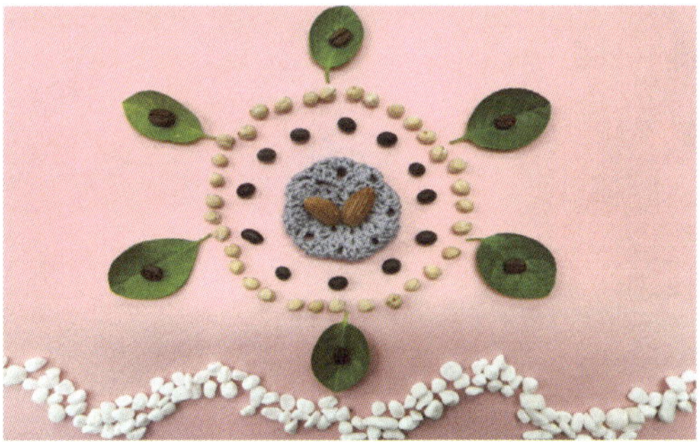

자연의 순환

따사로운 햇빛과 잔잔한 물결이 새싹을 틔우고 사랑으로 물든다.

사랑, 믿음, 소망

그중에 제일은 사랑이라^^ 사랑을 실천하면서 살아야겠다.

출처: 전북영양교사직무연수팀

4. 본 활동: 소중한 나 대접하기

하루 동안 나만의 시간을 보내면서 하고 싶은 일

- 하루 동안 완전한 자유가 주어진다면 무엇을 할 건가요?
  - 자연 속에서의 힐링: 가까운 공원이나 산으로 가서 자연을 만끽하며 산책한다.
  - 독서: 오랫동안 읽고 싶었던 책을 골라서 조용한 카페나 집에서 편안하게 읽는다.
  - 창작 활동: 그림 그리기, 글쓰기, 음악 작곡 등 창의적인 일에 몰두한다.
  - 요리: 새로운 레시피를 시도해 보거나 좋아하는 음식을 만들어 보며 요리를 즐긴다.
  - 영화 감상: 보고 싶었던 영화나 드라마를 몰아서 감상하며 편안한 시간을 보낸다.
  - 명상과 자기 성찰: 조용한 공간에서 명상이나 일기를 쓰며 나 자신을 돌아보는 시간을 갖는다.
- 1주일 또는 1개월 동안 자유가 주어진다면 무엇을 할 건가요?

작품 만들기

- 준비물: 크래커(원형, 사각), 방울토마토, 딸기잼, 크림치즈, 이쑤시개, 접시, 피겨, 화병, 자연물 등
- 핑거푸드: 핑거푸드(Finger Food)는 도구나 접시 없이 손가락으로 먹을 수 있는 한입 크기의 작은 음식을 말한다.
- 핑거푸드로 푸드코디네이션 만들기: 푸드코이네이션은 음식과 식사 공간을 연출하고 디자인하는 것으로 지금까지 잘 살아온 소중한 나에게 주는 선물로 꾸며 본다.

작품에 제목 붙이고 설명하기 & 긍정적 피드백 나누기

응용 활동: 야외 푸드코디네이션

작품 제작: 소중한 나 대접하기

잘 견디고 있는 나에게 주는 한 잔의 차와 샌드위치

다과상은 나를 위한 작은 축하이자 격려의 의미를 담고 있다. 어려웠던 순간들에도 잘 버텨 준 나를 칭찬하며, 보상으로 아름다운 바닷가 해변에서 향긋한 차와 샌드위치를 먹으며 나만의 휴식을 취하고 있다.

잘 살아온 나에게 주는 선물

지금까지 가족을 위해 직장에서 잘 살아온 나에게 달콤한 간식과 풀꽃향의 싱그러움을 가득 담아 나를 위한 다과상을 차렸다. 한 해를 잘 버텨 준 나를 위해 다과상을 차린다는 것은 자신을 위로하고 격려하는 중요한 시간이다. 매일 반복되는 일상 속에서 우리는 종종 자신을 소홀히 하곤 한다. 그래서 한 해의 끝자락에서 이렇게 특별한 순간을 마련하는 것은 자신에게 감사하는 의미가 크다.

꽃과 다과

햄으로 꽃을 만들고 달콤한 맛은 기쁜 순간들을, 고소한 맛은 뿌듯한 순간들을, 때로는 쓴맛은 아쉬운 기억을 떠오르게 하기도 한다. 그러나 그 모든 맛이 함께 어우러져, 한 해가 결코 무의미하지 않았음을, 모든 순간이 소중했음을 깨닫게 해 준다.

잘 견뎌 내고 있는 나에게 주는 샌드위치

첫 발령 학교에서 모든 것이 낯설고 힘들어 지쳐 있지만, 지금까지 잘 버텨 주고 있는 나에게 감사하며 나를 위한 상으로 샌드위치를 만들었다.

출처: 전북영양교사직무연수팀

응용 활동 작품: 나만의 자유시간이 주어진다면 하고 싶은 일은?

이탈리아에 가서 자유여행으로 한 달 살이를 하고 싶다.

아무것도 하지 않을 것이다. 단지 무엇이든 그림을 그리고 책을 읽는 데 시간을 보낼 것이다.

사랑하는 엄마와 봄의 자유를, 여름의 자유를, 가을, 겨울의 자유를 함께 느끼고 싶다.

직장 생활로 잘 돌봐 주지 못한 자녀와 함께 공원 산책을 하며 낙엽도 줍고 동화책도 읽어 주면서 여유롭게 보내고 싶다.

1주일의 자유가 주어진다면 시야가 확 트인 바닷가에 앉아서 낚싯대를 던져 놓고 물멍을 하면서 고요하게 시간을 보내고 싶군요. 지난날의 즐겁고 행복했던 모습만 떠올리고 싶군요.

1개월 동안 자유가 주어진다면
신랑 퇴직 전 1달간 휴가를 주면 그동안 못 다녀온 유럽 한 달 살이를 하고 싶다. 결혼해서 한 직장을 쭈욱 다녀 준 신랑 고마워~~^^

출처: 안산대학교

과제하기: 친구를 위로하는 간식상 차리기

작품사진

제목

준비물

설명

CHAPTER

03 창의성 증진하기

1회기 정겨운 이웃사촌

2회기 동백꽃 필 무렵

3회기 푸드 콘텐츠

4회기 꽃길만 걸어요

1회기

정겨운 이웃사촌

활동명	정겨운 이웃사촌	
활동목표	이웃사촌에 대한 긍정적 사고 전환을 통해 창의성을 증진한다.	
준비물	기본 푸드키트, 동영상, 식탁 매트, 부직포, 과자, 음료, 피겨, 자연물, 멘토스, 스파게티 면, 과일, 채소 등	
단계(시간)	활동내용	활동사진
들어가기 (10분)	▣ 워밍업 • 영상자료: 나는 어떤 이웃인가요?	
맞이하기 (30분)	▣ 정겨운 이웃사촌 • 이웃사촌에 관한 질문으로 이야기 나누기 • 작품 만들기 • 작품에 제목 붙이고 설명하기 • 긍정적 피드백 나누기	
마음결 고르기 (30분)	▣ 잡곡을 동심원으로 배열하기 • 옹기종기 하면 떠오르는 이미지나 느낌에 대해 이야기 나누기 • 작품 만들기 • 작품에 제목 붙이고 설명하기 • 마음결 점검하기	

단계(시간)	활동내용	활동사진
본 활동 (90분)	▣ 나의 관계망 • 나의 관계망 점검하기 • 작품 만들기 –나를 중심으로 의미 있는 관계 배치하기 • 작품에 제목 붙이고 설명하기 • 긍정적 피드백 나누기	
	▣ 혼합재료로 관계망 만들기(협동활동) • 작품 만들기 –내가 소통하는 중심과 주변의 관계방식 표현하기 • 작품에 제목 붙이고 설명하기 • 긍정적 피드백 나누기	
마무리 (20분)	▣ 소감 나누기 • 오늘 활동한 내용 나누기 • 활동하면서 새롭게 알게 된 점이나 느낀 점 말하기 • 뒷정리하기	
유의사항	나의 미래 관계망을 지속, 확장시키는 방법 등에 대해 고민해 본다.	

1. 들어가기

영상자료: 나는 어떤 이웃인가요?

출처: https://www.youtube.com/watch?v=CcQZi63IG4w, 2019 안녕 캠페인

2. 맞이하기: 정겨운 이웃사촌

이웃사촌에 관한 다양한 질문

- 좋은 이웃, 나쁜 이웃(이상한 이웃)은 어떤 모습인가요?
- 이웃사촌과 함께한 특별한 기억이 있다면 무엇인가요?
- 서로에게 가장 도움이 되었던 순간은 언제였나요?
- 앞으로 이웃사촌과의 관계를 어떻게 발전시키고 싶나요?
- 나는 지금 이웃과 어떤 관계를 맺고 있나요?

작품 만들기

- 준비물: 식탁매트, 과자, 음료, 피겨, 자연물 등
- 내용: 이웃에게 어떤 마음으로 대접하고 싶은지 생각하며 표현한다.
- 방법: ① 테이블보를 펼친다.
  ② 과자 또는 음료를 보기 좋게 차린다.
  ③ 꽃이나 나뭇가지, 피겨 등으로 장식한다.

작품에 제목 붙이고 설명하기 & 긍정적 피드백 나누기

참고자료

이웃사촌

사회관계망(Social Network)은 사람들 또는 조직 간의 상호 관계와 연결을 나타내는 구조를 말한다. 이를 통해 개개인의 관계, 정보의 흐름, 사회적 상호작용을 시각화하고 분석할 수 있다. 사회관계망은 사람들 간의 다양한 관계를 연결하는 네트워크 형태를 띠며, 예를 들어 친구 관계, 직장 내 관계, 온라인상에서의 소셜 미디어 연결 등을 포함할 수 있다.

'이웃사촌'은 우리네 삶에서 서서히 사라져 가는 단어다. 아무리 같은 집에서 10년을 살아도 옆집에 누가 사는지 알지 못하는 게 요즘 세태다. 개인주의가 팽배하고 1인 가구가 늘어나는 현실 속에서 "콩 한 쪽도 나눠 먹는다."라는 '이웃사촌'의 개념은 나이 어린 세대들이 실감하기 힘든 전래동화에나 나올 법한 이야기가 되어 가고 있다.

"먼 사촌보다는 가까운 이웃이 낫다."라는 속담처럼 집 숟가락 개수까지 알고 지내던 과거 '이웃사촌'들은 좋은 일은 함께 기뻐하고, 힘든 일은 마주 들어 슬픔을 함께했다. 맛있는 게 있으면 이웃집에 나눠 주는 것이 일상다반사였고, 다 먹은 그릇은 깨끗이 씻어 무언가로 채워 담아 다시 가져다주곤 했다. '정'이라는 단어가 다소 촌스럽게 들리는 단어가 되어 가지만 '이웃사촌'은 분명 한국인의 정 문화를 나타내는 표본이었다.

출처: https://v.daum.net/v/20201120105005062, [시네마 데이트] 담벼락을 넘나드는 따스한 온기 '이웃사촌'

요즘은 어떨까? 2022년 트렌드모니터는 만19~59세 전국 직장인 성인 남녀 1,000명에게 물었다. 우리 삶에서 이웃과의 원만한 관계는 중요한 편(60.8%)이지만, 전체 응답자의 절반 정도만이 현재 옆집에 누가 사는지 안다고 답했다. 이웃에게 위급한 상황이 발생한다면 기꺼이 도와줄 수 있을 것 같다는 응답은 86.2%인데, 도움을 요청할 수 있다는 응답은 46.6%에 그쳤다. 개인 라이프스타일이 중요해지고 지역사회 공동체의 의미가 희미해지면서, 이웃과 교류는 줄고 있다. 보건복지부가 5년마다 발표하는 '2022년 고독사 실태조사'를 살펴보면, '나 홀로 삶'의 1인 가구가 늘면서 사회적인 관계망이 취약하고 도시에서 고독사 발생 건수가 많다.

2015년 방영된 〈응답하라 1988〉 드라마를 보면, 동네 모든 사람들이 '이웃사촌'이었다. 이웃과의 교류와 동네에 대한 소속감이 생활을 따뜻하고 윤택하게 하는 모습이 담겼다. 중국과 일본에서도 인기가 높았다. 초개인주의 사회가 되어 가고 있지만, 인류가 처음 겪는 초고령화 해법은 '각자도생'보다는 '같이 살기'로 나아갈 때 힘을 낼 수 있지 않을까? 어쩌면 가장 좋은 복지는 이웃, 커뮤니티일 것 같다.

출처: https://v.daum.net/v/20240404061016407, 아시아경제, 가장 좋은 복지는 이웃 커뮤니티

골목문화, 예전의 이웃사촌 문화, 속속들이 다 알고 있는 것들을 어떻게 받아들이고 있는가?

각 지방자치단체, 고독사 예방을 위한 사회관계망 형성 프로그램 지원

관악구는 1인 가구의 특성에 맞는 다양한 맞춤형 프로그램을 통해 1인 가구 사회적 관계망 구축 지원에 나선다. 프로그램 내용은 영양 가득 일주일 밑반찬을 만드는 '백세누리로', 새로운 인연과 함께 모여 식사하는 '도란도란로', 건강운동 및 스마트폰 활용 능 교육을 제공하는 '미래탄탄로' 3가지로 구성되어 있다.

1인 가구가 함께 모여 활동하며 사회적 관계망을 형성하도록 1인 가구 동아리 '함께할 결심'을 운영한다. '함께할 결심'은 봉사활동, 건강관리, 독서토론 등 공통 관심사를 가진 1인가구 참여자들이 동아리를 직접 기획하고 주체적으로 활동하는 소모임이다.

구 관계자는 "앞으로도 1인 가구의 사회적 고립감을 해소하고, 지식과 정보를 공유하며 지역사회에서 함께 소통할 수 있도록 다양한 1인 가구 지원사업 추진을 위해 노력하겠다."라고 말했다.

출처: http://www.thekorea.kr/bbs/board.php?bo_table=news&wr_id=176718,
더코리아 관악구 행복한 1인 가구를 위한 다양한 프로그램 눈길

맞이하기 작품: 정겨운 이웃사촌

이웃집 부부를 초대해서 즐거운 저녁을 먹어요.

아랫집 반려견과 함께 먹을 간식까지 준비했어요.

친정에서 가져온 쑥떡을 앞집 언니와 나눠 먹어요.

라인댄스 동호회 언니들과 운동 후 수다를 떨어요.

다양한 먹거리를 준비했어요. 우리 집에 놀러 오세요.

여행 중 우리 집 강아지 밥을 챙겨 준 옆집 아저씨가 고마워서 맛있는 간식을 준비했어요.

출처: 전북영양교사직무연수팀

3. 마음결 고르기: 잡곡을 동심원으로 배열하기

작품 만들기

- 준비물: 캠핑용 소반, 잡곡류, 솔방울, 피겨, 흰 자갈, 아몬드, 자연물 등
- 내용: 캠핑용 소반에 잡곡으로 원을 그리며 다정하게 모여 있는 모습을 표현한다.
- 방법: ① 잡곡류를 토닥토닥한다.

  ② 캠핑용 소반을 준비한다.

  ③ 핀셋으로 병아리콩, 아몬드 등을 동심원으로 천천히 배열한다.

  ④ 개인 작품을 모아서 배치한다.

작품에 제목 붙이고 설명하기

마음결 고르기를 한 후

- 느껴지는 변화가 있는지 살피고 소감을 나눈다.
- 신체변화(호흡, 긴장과 이완)
- 마음상태(안정감, 편안함, 집중력 등)

마음결 고르기 작품: 잡곡을 동심원으로 배열하기

멋진 카페에 놀러 왔어요.

집 밖은 위험해... 집이 최고!!

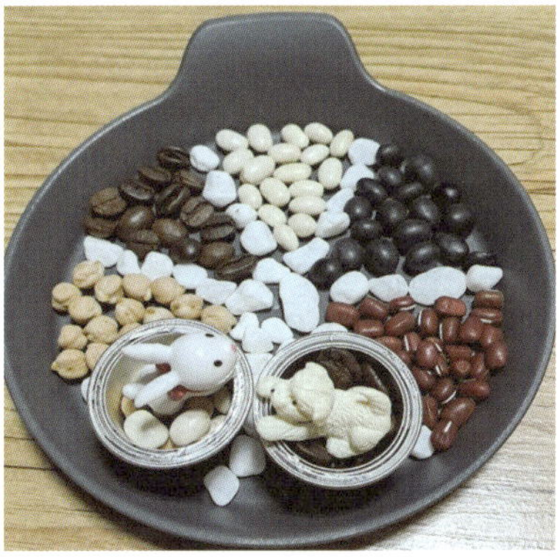

잡곡을 고르고 있어요.

향긋한 꽃향기를 맡으며 꽃밭에 앉아 있어요.

혼자라도 괜찮아, 난 눈부시니까~

무인도 섬에서 일주일 살기 도전

출처: 전북 영양교사 직무연수팀

4. 본 활동: 나의 관계망

나와 관련된 사회연결망 시각화하기

우리는 자신도 모르는 사이에 수많은 사회연결망에 연결되어 있다. 혈연, 지연, 학연, 업력, 종교 등 서로 다른 수많은 연결망을 그려 볼 수 있다. 이미 세상은 6단계만 건너면 누구나 연결될 수 있는 small world로 연결되어 버렸고, 인터넷이라는 거대한 연결망은 그 거리와 속도를 엄청나게 단축시키고 범위를 확장시켜 버렸다.

나와 관련된 연결망을 그려 보는 것은 매우 흥미로운 일이다. 당장 SNS에 등록된 친구들만 가지고도 거대한 연결망을 그려 볼 수 있을 것 같다. 사회적 관계망을 그리는 것은 자신의 관계를 시각적으로 이해하는 데 큰 도움이 될 수 있다. 다음 질문을 바탕으로 나의 사회관계망을 그려 보고, 각 관계의 연결선과 감정적인 연결을 시각적으로 표현해 보자.

1. 가족: 당신의 가족 구성원은 누구인가요? 각 구성원과의 관계는 어떤가요?
2. 친구: 가장 가까운 친구는 누구이며, 그 친구와의 관계는 어떤가요?
3. 직장: 직장에서의 동료나 상사는 누구인가요? 그들과의 관계는 어떤가요?
4. 사회적 활동: 참여하고 있는 모임이나 커뮤니티는 무엇인가요? 그곳에서의 관계는 어떤가요?
5. 지지 네트워크: 힘들 때 도움을 주는 사람들은 누구인가요? 그들과의 관계는 어떤가요?
6. 연애 및 로맨스: 연인이나 배움이 있는 사람은 누구인가요? 그들과의 관계는 어떤가요?
7. 자신의 역할: 각 관계에서 당신의 역할은 무엇인가요? (예: 지원자, 조언자, 경청자 등)
8. 관계의 질: 각 관계의 질은 어떤가요? (예: 긍정적, 부정적, 중립적 등)

출처: https://chatgpt.com, 사회 관계망 형성

작품 만들기

- 준비물: 부직포, 양초, 울타리, 피겨, 흰 자갈, 조개껍질, 커피 캡슐, 오트밀, 병아리콩, 멘토스, 자연물 등
- 내용: 나를 중심으로 의미 있는 관계를 배치하고 연결한다.
- 방법: ① 부직포를 깐다.
  ② 나의 관계망을 생각하며 흰 자갈을 천천히 놓는다.
  ③ 피겨, 멘토스, 조개껍질, 오트밀 등을 이용해 의미 있는 장소 등을 표현한다.
  ④ 자연물을 배치한다.
- 작품 활동 후 질문 나누기: 내가 원하는 타인과의 관계는 어떤 모습인가?

작품에 제목 붙이고 설명하기 & 긍정적 피드백 나누기

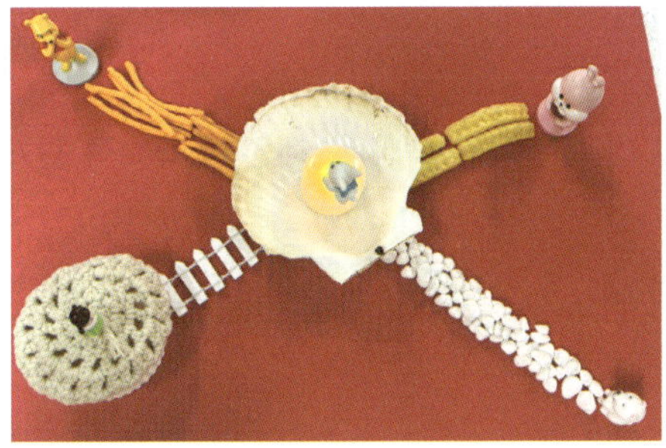

응용 활동

일상에서 힘들었을 때 관계 안에서 나는 어떤 해결을 찾는가?

지금의 나는 꽉 찬 힘든 시간을 보내고 있지만,
가족 안에서 평안함을 찾을 수 있어서 좋다.

직장에서 나 그리고 집에서의 나 둘 다!
나는 굳건하게 나를 지키는 방법을 선택한다.

나의 미래 관계망 만들기

- 준비물: 레이스천, 방울토마토, 과자, 허브잎, 파프리카 등
- 내용: 나의 미래 관계망을 지속, 확장시키는 과정을 표현한다.
- 방법: ① 레이스천 혹은 면포를 깐다.
  ② 앞으로 사회적 관계망을 어떻게 형성하고 싶은지 재료를 활용하여 표현해 본다.
- 작품 활동 후 질문 나누기: 나는 어떤 사람이나 집단과 더 가까워지고 싶은가요?

참고자료

나의 미래 관계망 형성

'나의 미래 관계망 형성'은 개인의 사회적 관계를 구축하고 발전시키는 과정을 의미한다. 이를 위해 고려할 수 있는 몇 가지 요소는 다음과 같다. 미래의 관계망은 그 자체로 나의 성장에 큰 영향을 미치며, 나의 인생에서 중요한 자산이 될 수 있다.

출처: https://chatgpt.com, 미래사회 관계망

자기 이해

자신의 가치관, 관심사, 강점과 약점을 이해하는 것이 중요하다. 이를 통해 어떤 사람들과 관계를 형성하고 싶은지 명확히 할 수 있다.

네트워킹

다양한 사람들과의 만남을 통해 관계를 확장할 수 있다. 세미나, 워크숍, 소셜 미디어 등을 활용하여 새로운 사람들과 연결될 기회를 찾는 것이 좋다.

의사소통 기술

효과적인 의사소통은 관계 형성의 핵심이다. 경청, 공감, 명확한 표현 등을 통해 상대방과의 신뢰를 쌓을 수 있다.

공통의 관심사

취미나 관심사를 공유하는 사람들과의 관계는 더욱 깊어질 수 있다. 동호회나 커뮤니티에 참여하여 비슷한 관심사를 가진 사람들을 만나는 것이 좋다.

지속적인 관계 유지

관계를 형성한 후에는 지속적으로 연락하고 소통하는 것이 중요하다. 정기적인 만남이나 메시지를 통해 관계를 유지하고 발전시킬 수 있다.

멘토링

경험이 풍부한 멘토와의 관계를 통해 배움과 성장의 기회를 가질 수 있다. 멘토는 개인의 경로에 대한 조언과 지원을 제공할 수 있다.

5. 본 활동: 혼합재료로 관계망 만들기(협동 활동)

작품 만들기

- 준비물:
  - –스파게티 면(혹은 채소 줄기): 길고 얇은 면으로 연결된 관계를 표현
  - –과자 조각(혹은 과일, 채소): 관계 속에서 다양한 감정과 상황을 표현
  - –비스킷(혹은 과자): 서로 다른 집단이나 그룹을 표현
- 내용:
  - –면 또는 채소로 자신을 둘러싼 사회적 관계망을 표현한다.
  - –내가 소통하는 중심과 주변의 관계방식을 표현한다.
- 방법:
  - ① 관계망 그리기: 스파게티 면 이용, 자신의 사회적 관계망을 그림으로 표현(어떤 사람들과 연결? 그 관계의 강도는?)
  - ② 중심과 주변: 중심에 자신을 두고 주변 사람을 배치한 후 어떤 사람과 더 가깝고, 어떤 사람은 더 멀리 있는지 표현

작품에 제목 붙이고 설명하기

긍정적 피드백 나누기

작품 제작: 나의 관계망(I)

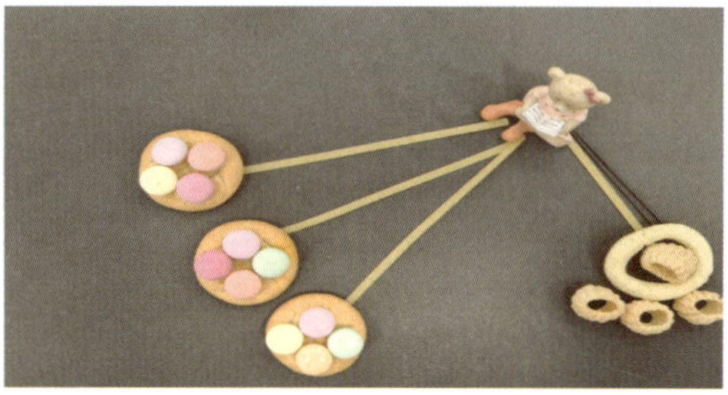

가까운: 나의 여동생, 식구들, 포콜라레 식구들
먼: 사회생활 하면서 힘들게 하는 사람들

내 인생의 모든 인간관계는 같은 수준이다. 나는 별로 신뢰하지도 않고 별로 친해지지도 않는다. 나와 가까운 사람은 내 남자친구이지만 누군가와 가까워지고 싶다면 그럴 것이다.

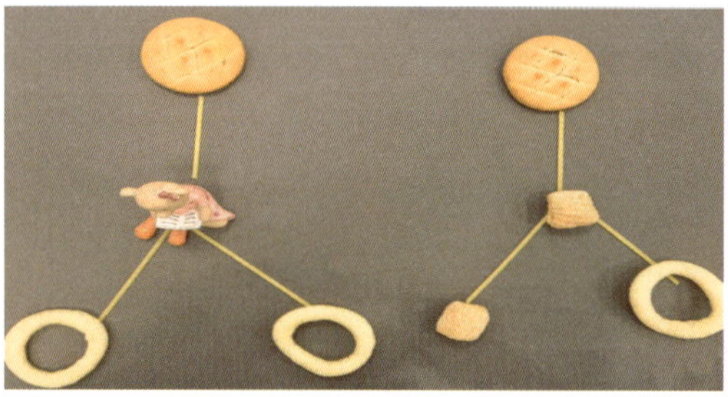

나를 중심으로, 가족과 종교 생활을 중심으로 잘 살아 가고 있다. 오늘 유자 100kg을 담당자인 나 없이 담그고 있다. 걱정하지 말라고 가벼운 마음으로 학교 갔다 오라는 밥동지들이 고맙다. 이틀 전에 모과를 30kg 담았다.

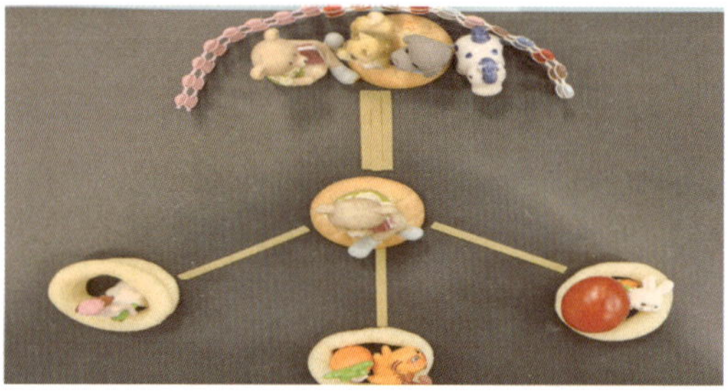

든든한 가족이 있었기에 내가 있다. 또 나를 중심으로 친구들(학교친구, 동네친구, 고향친구)과의 관계를 적절히 유지하며 잘 지내고 싶다.

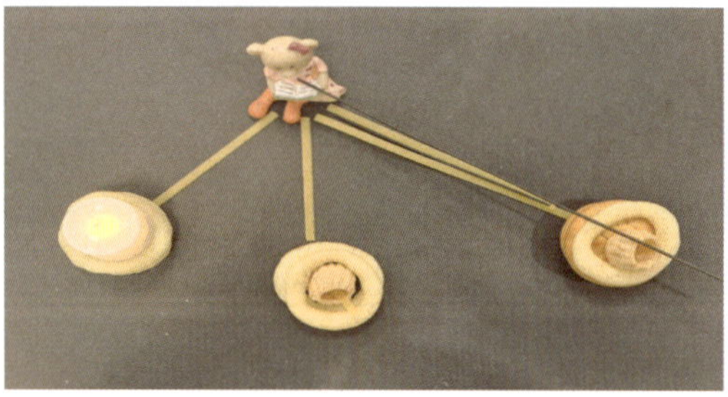

가족, 일, 그 외의 관계 표현
항상 행복하게 반짝이는 가족과의 관계.
부담감과 의무적인 관계를 맺어야 하는 일적인 관계(불편한 관계)에 대한 생각이 많아진다.

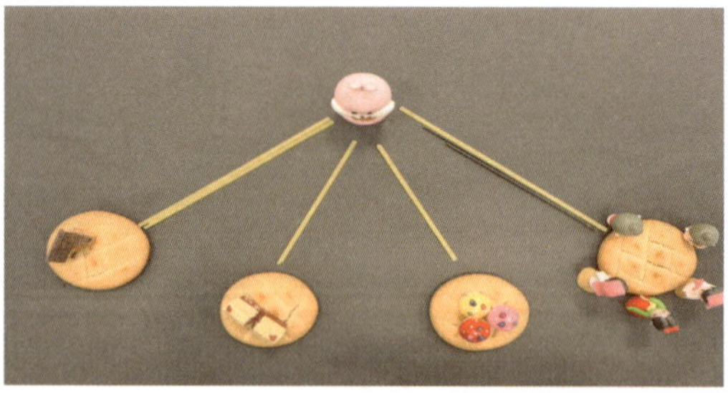

나를 중심으로 집, 가족, 종교, 회사 생활
집을 애들이 커서 오는 횟수가 줄어들어 관심을 갖고 방문할 수 있게 해야겠다. 모임(횟수)을 줄이고 아님 만남을 2~3달에 한 번으로 변경해야겠다. 종교 생활 맡은 직책 이번 달로 끝나는데 봉사로 집중해서 생활해야겠다.

출처: 안산대학교

작품 제작: 나의 관계망(2)

내 주변을 돌아보니 복잡한 일도 있고 즐거운 일들도 있는데 학우들과 즐거운 학교생활과 부동산 중개 일에 더 즐겁고 유익한 중개현장이 되기를.

가족 친구 직장 지인~ 나의 안전한 관계망!
내가 지치지 않을 만큼 안전한 거리로~
모두 다 사랑하리라~~

나이 드신 친정엄마를 걱정하고 돌보는 나의 동생들. 나란히 손잡고 걸어가는 나의 인생친구인 남편. 가끔씩 만나지만 따뜻하고 편안한 친구, 동료들. 마음의 거리를 두고 공적으로 만나는 직원들. 다양한 관계 속에 가장 소중한 나. 둥글둥글한 성격으로 꽃을 좋아하는 나

나의 부모님, 가족, 이웃, 직장에서의 관계
따뜻한 사랑으로 즐겁고 원만하게 유지하려고 노력하는 나를 응원한다.

나를 둘러싼 가족 간의 질서 정리가 필요하다.
자녀의 독립 등으로 나만의 시간과 공간을 갖고 지금 하고 있는 동호회 활동을 적극적으로 하고 싶다.

나 그리고 남편, 아들, 딸, 망고
반려견 망고는 어느새 나의 가족이 되어 나를 위로해 주고 반갑게 맞아 준다.

출처: 전북영양교사직무연수팀

2회기

동백꽃 필 무렵

활동명	동백꽃 필 무렵	
활동목표	다양한 관점에서 창의성을 증진한다.	
준비물	기본 푸드키트, 동영상, 자연물, 부직포, 메모지, 사인펜, 휴대전화 등	
단계(시간)	활동내용	활동사진
들어가기 (10분)	▣ 워밍업 • 영상자료: 꽃과 그림 그리고 차 한잔	
맞이하기 (30분)	▣ 동백꽃 필 무렵 • 동백꽃과 관련된 이야기 나누기 • 작품 만들기: 두 명씩 조를 지어 상대방을 환영하는 작품 만들기 • 작품에 제목 붙이고 설명하기 • 긍정적 피드백 나누기	
마음결 고르기 (30분)	▣ 강의: 비움과 채움 • 작품 감상하기 • 비움과 채움에 관한 이야기 나누기 ▣ 잡곡 배열하기 • 작품 만들기 • 작품에 제목 붙이고 설명하기 • 마음결 점검하기	

단계(시간)	활동내용	활동사진
본 활동 (90분)	▣ 사랑 이야기 • 사랑에 관한 이야기 나누기 • 사랑과 관련된 작품 만들기 • 작품에 제목 붙이고 설명하기 • 긍정적 피드백 나누기	
	▣ 사랑의 꽃다발 만들기 • 작품 만들기 • 작품에 제목 붙이고 설명하기 • 긍정적 피드백 나누기	
마무리 (20분)	▣ 소감 나누기 • 오늘 활동한 내용 나누기 • 활동하면서 새롭게 알게 된 점이나 느낀 점 말하기 • 뒷정리하기	
유의사항	• 잡곡과 오렌지 껍질 말린 것은 제습제를 넣어 보관하면 좋다. • 계절상 동백꽃이 없는 경우, 조화나 손뜨개 모형을 사용하도록 한다.	

1. 들어가기

영상자료: 꽃과 그림 그리고 차 한잔

출처: https://www.youtube.com/watch?v=osa2-S2VFKI

2. 맞이하기: 동백꽃 필 무렵

동백꽃과 관련된 다양한 질문

- 동백(camellia)의 꽃말은 무엇일까요?
- 동백꽃이 피고 질 때 어떤 감정이 느껴지나요?
- 동백꽃과 연관된 특별한 추억이 있나요?
- 동백꽃차 효능에는 무엇이 있나요?
- 동백꽃을 보면 떠오르는 단어가 있나요?

동백 이야기

중국에서는 동백을 해홍화(海紅花)라고 부른다. 동백이란 말은 우리나라에서만 사용하는 이름이다. 이 꽃은 겨울에 꽃이 핀다고 하여 동백(冬柏)이란 이름을 붙인 것이다. 선조들은 동백을 '산다화'라고 불렀다고 한다. 세종대왕 때 강희안이 쓴 우리나라 최초의 원예서라 할 수 있는 『양화소록』에 '겨울에 피는 꽃을 동백이라 하고 봄에 피는 꽃을 춘백이라 한다'는 기록과 함께 주요 산지와 동백의 종류, 재배 용도 등이 자세히 기록되어 있다.

동백은 꽃잎이 다 열리기도 전에 향기와 그 색을 그대로 간직한 모습으로 땅 위에 떨어지는데 내려앉은 붉은 한 송이 꽃에서 기품이 느껴진다.

동백꽃 차의 효능

예로부터 동백꽃은 피를 맑게 하고 지혈과 이뇨 작용을 돕는 성질이 있다고 하여 차로 만들어 먹었다. 특히 위나 식도가 좋지 않을 때, 목이 아플 때 동백꽃을 차로 우려서 마시면 증상이 완화된다. 또한 장출혈이나 자궁출혈을 멈추는 데 도움이 된다. 소변이 잘 나오지 않고, 잔뇨감이 있는 사람이 동백꽃 차를 자주 마시면 좋다.

동백꽃 차 만들기

동백꽃이 벌어지려고 하는 시점에 작은 동백 봉오리를 따 온다. 혹은 땅 위에 내려온 동백꽃을 주워 온다. 동백꽃은 말려서 사용할 수도 있고, 꿀에 절여서 사용할 수도 있다. 겹동백은 말려서 쓰고 홑동백은 꿀에 절여서 쓴다.

말린 꽃잎으로 차를 내려 마실 때는 동백꽃 2송이 정도 다관에 넣고 뜨거운 물 80~100mL 정도 부은 뒤 2분 정도 우려 내어 마신다. 꽃의 양과 물의 양, 물의 온도는 취향에 따라 조절해 본다. 동백꽃을 꿀에 담글 경우에는 준비한 유리병에 먼저 동백꽃을 담아 본다. 그리고 꽃잎을 완전히 덮을 정도로 꿀을 부어 준다. 꿀이 없을 때에는 설탕을 이용할 수도 있다. 15일 정도 냉장 보관한다. 차를 내려 마실 때에는 꿀에 절인 동백꽃 2~3송이를 잔에 담아 90℃ 정도의 물을 부어 2분 정도 우려 내어 마신다. 겨울철 목감기에도 좋다.

작품 만들기

- 준비물: 부직포, 백태, 오렌지(귤) 껍질, 이파리, 열매(동백열매 등), 흰 자갈, 피겨, 양초, 동백꽃 등
- 내용: 동백꽃 피는 마을길을 표현한다.
- 방법: ① 마음에 드는 부직포를 펼친다.
  ② 핀셋으로 백태를 한 개씩 천천히 놓아 가며 나뭇가지를 만든다.
  ③ 말린 오렌지 껍질과 잎사귀, 열매를 자유롭게 첨가한다.
  ④ 흰 자갈, 양초 등 배치한다.

작품에 제목 붙이고 설명하기 & 긍정적 피드백 나누기

참고자료

창의성 증진하기

창의성이란?

창의성(創意性, 문화어: 창발성, 영어: creativity)은 새로운 생각이나 개념을 발견하거나 기존에 있던 생각이나 개념들을 조합하여 새로이 생각해 내는 특성이다. 창조성(創造性)이라고도 하며 이에 관한 능력을 창의력(創意力), 창조력(創造力)이라고 한다. 창조력은 의식적이거나 무의식적인 통찰에 힘입어 발휘된다. 창의력에 대한 다른 개념은 '이을 수 없는 점을 잇는 것'이다.

출처: 위키백과 https://ko.wikipedia.org/wiki

창의성 부족의 근본 원인

한국 사회의 창의성 부족은 강박적인 경쟁과 빠른 성과를 중시하는 문화에서 비롯된다는 분석이 있다. 유현진 건축가는 '오징어 게임이 넷플릭스 1위를 했다고 좋아할 게 아니라 넷플릭스를 만드는 나라가 되어야 한다'고 지적한다. 한국이 새로운 것을 창작하기보다는 이미 만들어진 것을 소비하는 데에 더 집중하고 있음을 비판한 것이다.

창의성 증진하기

출처: https://chatgpt.com/창의성증진

1. **새로운 경험**: 새로운 활동을 시도하거나 새로운 장소를 방문해 보는 경험들은 새로운 아이디어를 도출하는 데 큰 영감을 줄 수 있다.
2. **자유로운 시간**: 자신만의 시간을 가지고 탐구하고 실험하며 흥미로운 아이디어가 떠오를 때까지 머무르는 것이 중요하다.
3. **독서와 연구**: 다양한 주제에 대해 독서하고 연구하는 것은 창의성을 증진시키는 데 큰 도움이 될 수 있다.
4. **아이디어 기록**: 아이디어를 기록하고 정리하는 습관을 갖는다. 노트북, 스마트폰 앱, 혹은 종이와 펜을 사용해도 좋다.
5. **문제 해결**: 다양한 문제를 발견하고 해결하는 데 도전하며 새로운 관점에서 문제를 바라보고 창의적인 해결책을 찾아본다.
6. **예술적 활동**: 미술, 음악, 연극 등의 예술적인 활동을 통해 자신의 창의성을 표현한다.
7. **다양한 사람들과 대화**: 다양한 배경과 관점을 가진 사람들과 대화하고 의견을 공유하며 새로운 아이디어를 얻을 수 있다.
8. **자기 동기부여**: 자신에게 동기부여를 주는 방법을 찾아 자신의 열정과 관심사에 집중하면 창의성을 더욱 증진시킬 수 있다.

출처: https://www.youtube.com/watch?v=RglfvJzKMVE, EBSCulture 창의력을 키우는 프랑스미술교육

맞이하기 작품: 동백꽃 필 무렵

동백이

4명의 동백이 마음이 연결되어 각자 맡은 자리에서 사리가 나올 정도로 열심히 살면서 멋진 열매를 만들어 나아가는 모습을 표현한 것이다.

〈동백꽃 필 무렵〉 드라마

〈동백꽃 필 무렵〉 드라마 속 두 남녀의 희노애락의 모습이 마치 동백나무의 꽃을 예쁘게 피우게 하는 것 같아 표현해 보았다.~♡

제주 동백수목원에서

동백꽃이 가득 피어 있는 정말 아름다운 제주 동백수목원을 가족과 함께 다녀온 즐거웠던 추억이 떠올라서 표현해 보았다.

동백 정원

반짝반짝 사랑스러운 불빛 아래 동백꽃 피는 정원에서 따뜻한 차를 마시면서 추억을 쌓고 있는 모습을 표현한 것이다.

출처: 전북영양교사직무연수팀

3. 마음결 고르기: 잡곡 배열하기

작품 감상하기: Emptying and Filling(비움과 채움)

오관진, 〈비움과 채움(복을담다)〉, 한지에 혼합재료, 2022

조선시대 달항아리와 분청사기 등 도자기 관련 연작으로 국내외에서 전시회를 이어 가고 있는 오관진 작가는 도자기 표면의 미세한 균열과 질감까지 캔버스에 재현하는 극사실주의적인 기법으로 국내외에서 유명하다.

출처: https://v.daum.net/v/20230103071913395, 연합뉴스
https://www.youtube.com/watch?v=ni9ezLQKuM0 , 비움과채움 오관진

강의: 비움과 채움에 관한 다양한 질문

- 오관진 작가의 비움과 채움의 미술 작품을 본 느낌은 어떤가요?
- 삶에서 비움 예시는 무엇이 있을까요?
- 삶에서 채움 예시는 무엇이 있을까요?
- "비워야 채워진다" 또는 "텅 빈 충만"은 어떤 의미일까요?

작품 만들기

- 준비물: 부직포, 백태, 아몬드, 이파리 등
- 내용: 잡곡 등으로 빈공간을 만들고 이파리로 채워 본다.
- 방법: ① 부직포를 펼친다.
  ② 핀셋으로 백태와 아몬드를 한 개씩 천천히 놓는다.
  ③ 이파리를 자유롭게 첨가한다.

작품에 제목 붙이고 설명하기

마음결 고르기를 한 후

- 느껴지는 변화가 있는지 살피고 소감을 나눈다.
- 신체변화(호흡, 긴장과 이완)
- 마음상태(안정감, 편안함, 집중력 등)

마음결 고르기 작품: 잡곡 배열하기

비우기를 통해 깨끗한 방 정리

채우고 비우고 일상의 연속

여유 공간에 행복 만땅 채우기

나를 다채롭게 채우기

건강한 삶을 위해 비우기

불필요한 물건 비우고 자연으로 채우기

출처: 전북영양교사직무연수팀

4. 본 활동: 사랑 이야기

사랑에 관한 다양한 질문

- 나에게 사랑이란 무엇인가요?
- 사랑에 푹 빠져 본 적 있나요? 사랑이 진행 중인가요?
- 나에게 사랑은 어떤 모습, 어떤 빛깔인가요?
- 나의 끝사랑은 어떤 모습인가요?
- 사랑하는 사람에게 전하고 싶은 말은 무엇인가요?

사랑이 꽃피는 나무

작품 만들기

- 준비물: 면포, 볍씨, 팥, 검정콩, 커피콩, 백태 등
- 내용: 하트 모양을 바탕으로 만들어 표현한다.
- 방법: ① 면포를 펼친다.
  ② 볍씨로 하트모양을 만든다.
  ③ 핀셋을 사용해 백태, 커피콩, 팥 등으로 다양한 무늬를 자유롭게 첨가한다.

작품에 제목 붙이고 설명하기

긍정적 피드백 나누기

응용 작품

사랑의 하트섬
(제작: 조수진)

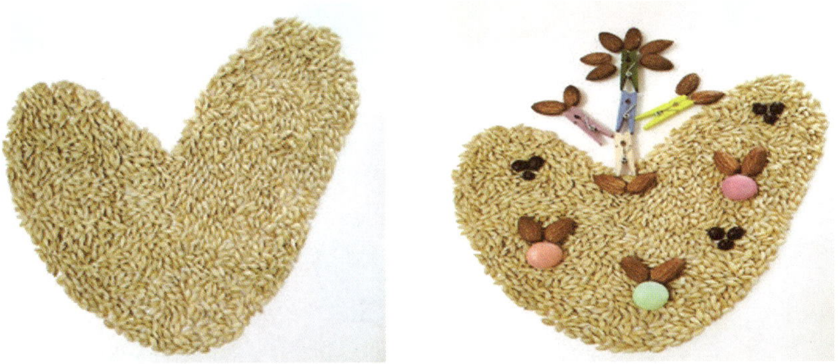

하트화분
(제작: 조수진)

나는 하트쟁이
(제작: 이정연)

작품 제작: 사랑 이야기

사랑은 비움과 채움이다.

원숙한 사랑(피어나는 사랑, 저버린 사랑)은
기다려 주는 사랑~~

보호막에 싸인 하트

사랑이 점점 커져 사랑의 씨앗을 퍼뜨리는 중♡

두 사람이 연결되어 하나가 되다.

사랑의 대화

출처: 전북영양교사직무연수팀

작품 제작: 사랑 이야기

우리 식구들을 표현해 보았다. 남편과 자녀와 며느리, 손녀들의 행복한 모습.

나는 내 가족, 내 어머니, 아버지를 사랑한다. 사랑한다는 것은 사람의 모든 결점을 받아들이는 것이다.

사랑이란 주제로 표현하는 나의 마음!
나의 인생에서 가장 행복했던 순간을 생각하며 영원히 변치 않을 자식의 사랑. 사랑하는 나의 딸 쌍둥이 자매 사랑해~♡

진정한 사랑은 부모와 자식 간의 사랑인 것 같다. 사랑이 열매를 맺고 다시 또 열매를 맺으니 계속 사랑은 연결이다.

사랑스러운 표정으로 향기 나는 말을 할 수 있는 사람이 되길. 가슴 따뜻하게 사랑 가득한 사람이 되길.

나에게 사랑이란, 동그란 울타리 안에 이쁜 맘과 나쁜 맘이 공존하지만 모나지 않게 동글동글하게 살아가고 싶다.

출처: 안산대학교

5. 본 활동: 사랑의 꽃다발 만들기

사랑하는 가족, 친구, 연인에게 꽃다발과 사랑의 스티커를 만들어 보낸다.

작품에 제목 붙이고 설명하기

긍정적 피드백 나누기

사랑의 꽃다발을 받은 상대편의 응답 메시지 확인하기

응용 작품

사랑의 꽃 한 송이에 응원 문구를 만들어 보낸다.

작품 제작: 사랑의 꽃다발 만들기(1)

토닥토닥 꽃다발

미역국 대신 사랑의 꽃다발

사랑해 울 망고씨~

GOOD LUCK !!

사랑밖에는 난 몰라

엄마가 준비한 사랑의 간식

출처: 전북영양교사직무연수팀

작품 제작: 사랑의 꽃다발 만들기(2)

짝꿍에게 선사하는 꽃다발

나에게 꽃과 커피 한잔을!!!

나에게 주는 간식과 꽃다발

항상 고마워요~

사랑하는 사람한테 주는 꽃다발

나에게 주는 꽃다발

출처: 전북영양교사직무연수팀

작품 제작: 사랑의 꽃다발 만들기(3)

엄마와 아버지가 우리를 위해 하신 모든 일에 감사하기 위해 꽃다발을 드립니다.

울타리, 돌담 가득, 뿌리 깊고 튼튼한 열매 가득한 나무♡(나에게 선물하고 싶다). 나에게 그리고 아이들에게 든든한 엄마라고, 항상 응원한다고 이야기해 주고 싶다.

아빠가 돌아가신 지는 오래되었고 엄마 돌아가실 때 보니 어버이날 카네이션 말고 꽃선물을 한 적이 없는 것 같다. 영정사진 주변 꽃이 향기가 나고 이뻤다. 살아 계실 때 꽃 선물 한 번 안 한 나. 막상 딸에게 꽃다발을 받아 보니 꽃 선물 못한 내가 뭐 했나 싶다. 엄마 대신 딸에게 이쁜 꽃다발 선물해 주고 싶다.

나는 사랑의 꽃다발을 남편에게 주고 싶어서 만들었다. 아내 자리를 항상 존중해 주고 인정해 주기에 마음속으로만 고마워했던 나. 이번에는 남편을 위해 사랑의 꽃다발을 만들었다.

60 평생 살아오는 동안 성실히, 열심히 헌신과 희생을 하며 자아를 버리고 살아온 나에게 그동안 수고했다고 격려하며 화려하고 아름다운 꽃다발을 한아름 안겨 주고 싶다. 앞으로 남은 나의 인생길은 평탄하고 행복한 나날이 계속되길 바란다.

나를 지지해 주고 응원해 주신 친정엄마에게 엄마가 좋아하는 국화 꽃다발을 한가득 안겨 드리고 싶다. 본인 아픈 것보다 딸이 아픈 것을 더 걱정해 주신 친정엄마, 감사하고 사랑해요.

출처: 안산대학교

과제하기: 나의 힐링푸드 만들기

작품사진

제목

준비물

설명

푸드 콘텐츠

활동명	푸드 콘텐츠	
활동목표	다양한 관점에서 창의성을 증진한다.	
준비물	기본 푸드키트, 동영상, 자연물, 색지, 부직포, 피겨 등	
단계(시간)	활동내용	활동사진
들어가기 (10분)	▣ 워밍업 • 영상자료: 크리스마스 관련 영화	
맞이하기 (30분)	▣ 미리 크리스마스 • 크리스마스와 관련된 다양한 질문을 통해 이야기 나누기 • 작품 만들기 –편안하고 즐거운, 환영의 뜻을 담아 맞이하기 표현하기 • 작품에 제목 붙이고 설명하기 • 긍정적 피드백 나누기	
마음결 고르기 (30분)	▣ 잡곡을 별 모양으로 배열하기 • 별에 관한 이야기 나누기 • 진행자의 작품 감상하기 • 작품 만들기 • 작품에 제목 붙이고 설명하기 • 마음결 점검하기	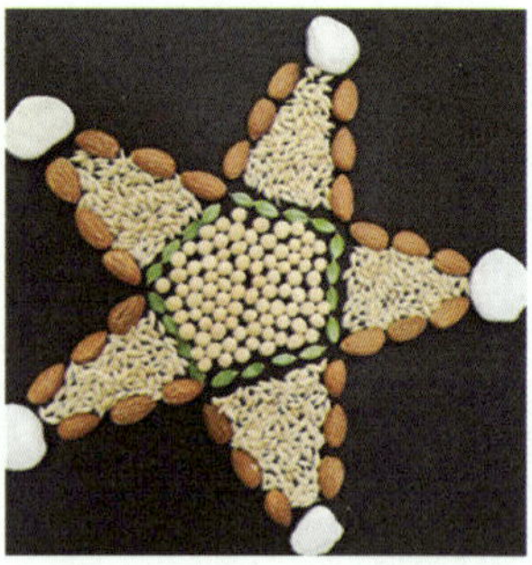

단계(시간)	활동내용	활동사진
본 활동 (90분)	▣ 푸드 콘텐츠 제작하기 • 크리스마스에 생긴 일 주제로 개인별 작품 만들기 • 모둠별로 크리스마스 작품을 모아 이야기 꾸미기 • 그림책 제목 붙이고 설명하기 • 디지털 작업하기 • 긍정적 피드백 나누기	
	▣ 강의: 만다라와 자기치유 ▣ 만다라 만들기 • 작품 만들기 • 만다라 만든 후 감상하기 • 긍정적 피드백 나누기	
마무리 (20분)	▣ 소감 나누기 • 오늘 활동한 내용 나누기 • 활동하면서 새롭게 알게 된 점이나 느낀 점 말하기 • 뒷정리하기	
유의사항	만다라 작품은 대형으로 할수록 효과적이다.	

1. 들어가기

영상자료

〈디즈니 단편 크리스마스 기념 영상〉

출처: https://www.youtube.com/watch?v=JbT31Vmvat0

〈크리스마스 영상〉

출처: https://www.youtube.com/watch?v=XwveyquuzA0, 외교부 2015

2. 맞이하기: 미리 크리스마스

크리스마스와 관련된 다양한 질문

- 어릴 적에 가장 기억에 남는 크리스마스가 있나요?
- 가족, 연인, 친구와 함께 보낸 특별한 크리스마스가 있나요? 어떤 활동을 했나요?
- 기억에 남는 크리스마스 선물은 무엇인가요?
- 크리스마스 이브에 가장 기억에 남는 추억이 있나요?

오늘날 크리스마스는 종교적 의미를 넘어 사랑, 나눔, 그리고 가족 중심의 축제로 자리 잡았다. 전 세계 사람들은 이날을 기념하며 선물을 주고받고, 맛있는 음식을 나누며, 사랑하는 이들과 따뜻한 시간을 보낸다. 크리스마스는 단순한 연말 축제가 아니라 깊은 역사와 문화적 배경을 지닌 날이다. 종교적 기념일로 시작되었지만, 시간이 지나며 전 세계적으로 사랑받는 보편적인 축제로 자리 잡았다.

크리스마스 관련 영화

- 8월의 크리스마스: 불치병을 앓는 남자가 자신의 삶을 담담히 정리하는 과정과 함께 밝고 따뜻한 일상을 담고 있는 로맨스 영화이다. 1988년 개봉
- 나 홀로 집에(Home Alone): 크리스마스 시즌에 집에 혼자 남겨진 소년 케빈의 모험을 그린 코미디 영화이다. 1990년 개봉
- 러브 액츄얼리(Love Actually): 여러 사랑 이야기가 얽히는 크리스마스 시즌의 로맨스를 다룬 영화이다. 2003년 개봉
- 로맨틱 홀리데이(The Holiday): 두 여성이 서로의 집에서 크리스마스를 보내며 벌어지는 로맨스를 그린 영화이다. 2006년 개봉
- 크리스마스 캐롤: 찰스 디킨스의 유명한 소설을 바탕으로 한 여러 버전의 영화들이 있으며, 크리스마스를 대표하는 이야기로 많이 알려져 있다. 2009년 애니메이션/판타지
- 그린치(How the Grinch Stole Christmas): Dr. Seuss의 동화책을 원작으로 한 이 영화는 그린치라는 캐릭터가 크리스마스를 훔치려는 애니메이션 영화이다. 2018년 개봉

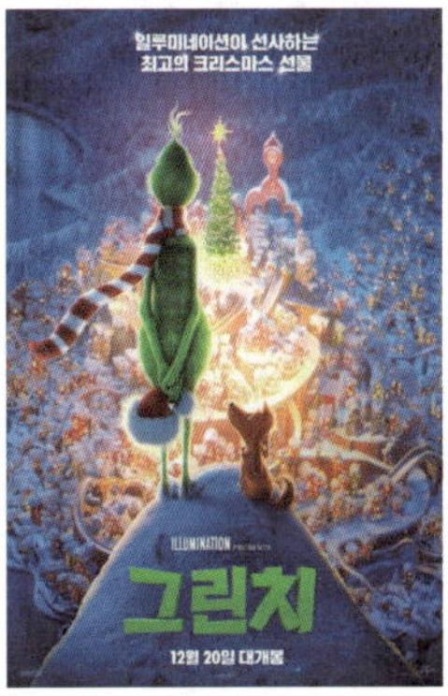

작품 만들기

- 준비물: 검정 도화지, 양초, 아몬드, 오트밀과자, 핀셋, 멘토스, 볍씨, 피겨, 자연물 등
- 내용: 크리스마스하면 연상되는 작품을 표현한다.
- 방법: ① 검정 도화지를 펼친다.
  ② 볍씨로 나무 테두리를 만든다.
  ③ 멘토스, 자연물, 집게, 양초를 자유롭게 배치한다.
  ④ 나무 꼭대기에 멘토스로 별 모양을 만든다.

작품에 제목 붙이고 설명하기

긍정적 피드백 나누기

응용 작품: 벽걸이 크리스마스트리

참고자료

석류

10월의 임산물…붉은 보석이 가득한 '석류'

산림청은 2024년 10월 이달의 임산물로 붉은 다이아몬드라는 별명을 가진 '석류'를 선정했다. 석류에는 식물성 에스트로겐인 '피토에스트로겐'이 풍부해 여성 호르몬의 불균형을 완화하고 갱년기 증상인 안면홍조, 우울증, 골다공증 예방에 좋다. 여성 건강에 필수적인 영양소인 비타민 C와 엽산이 포함되어 있어 여성들에게 더욱 사랑받는 임산물이기도 하다. 이뿐만 아니라 엘라그산과 폴리페놀, 푸니칼라진 같은 항산화 성분이 많이 함유돼 노화의 주범인 활성 산소를 제거하고 몸속의 염증반응을 억제해 항암효과도 높다.

석류는 입안을 상큼하게 만드는 새콤달콤한 맛 덕분에 디저트로 많이 이용된다. 시원하게 얼려 샤베트로 먹거나 샐러드 혹은 요거트볼에 곁들여 먹기도 하고, 타르트나 케이크를 알록달록하게 만드는 장식으로도 자주 쓰인다.

출처: https://www.yna.co.kr/view/AKR20241018088000063, 연합뉴스

겨울철엔 석류로 장식해요

마늘쫑으로 트리를 만들고 석류로 미리 크리스마스 장식을 만들어요.
슈가파우더를 뿌려 눈이 오는 풍경을 연출해요.

사과와 키위 슬라이스에 석류를 넣고 유자 소스로 드레싱해요.
바게트에 얹어 카나페 만들어서 함께하는 종강 파티~

맞이하기 작품: 미리 크리스마스

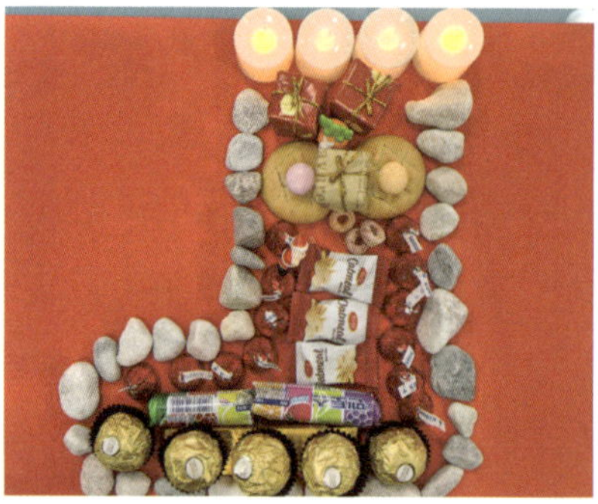

아들에게 양파망에 과자를 넣어 선물했듯 지금은 손녀, 손자에게 양파망 선물을 해 주면 너무너무 좋아한다.

따뜻한 분위기에서 내 사랑과 함께 크리스마스트리를 만든다.

어릴 적 크리스마스 전날 대문 밖에서 산타할아버지가 두고 가신 선물상자 세 개~ 추억이 되어 가는 아빠 산타♡

여러 집이 있는 동네의 크리스마스트리

어릴 적 크리스마스에 어머니가 여러 가지 음식을 준비해 주셨던 것이 생각난다. 이번 크리스마스에는 조용히 생각하는 시간을 가지면서 안전한 노후를 설계해 봐야겠다.

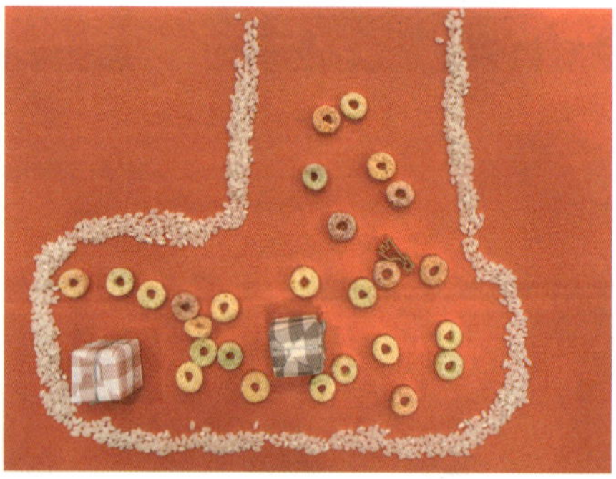

크리스마스 하면 제일 먼저 선물이 생각난다. 어렸을 때 왜 우리 집만 산타할아버지가 오지 않나 하고 생각했다.

출처: 안산대학교

참고자료

미리 크리스마스 센터피스

- 제작: 부산광역시 급식관련 관계자 협동작품(2023)
- 준비물: 솔잎, 솔방울, 양초, 리본, 미니사과, 유칼립투스 등

3. 마음결 고르기: 잡곡을 별 모양으로 배열하기

별과 관련한 다양한 질문

- 별과 관련된 경험이나 추억이 있나요?
- 별을 관찰하거나 별자리를 찾아보았나요? 어떤 별자리를 좋아하나요?
- 별과 관련된 책이나 예술 작품, 노래는 무엇이 있나요?
- 윤동주 시인의 〈별 헤는 밤〉이라는 시를 듣고 가장 인상 깊은 구절이 있나요?

출처: https://www.youtube.com/watch?v=zeTKlfzonPk, https://www.youtube.com/watch?v=C2MNjMpxONs

작품 만들기

- 준비물: 부직포, 아몬드, 잡곡, 이파리, 흰 자갈 등
- 내용: 잡곡류를 별 모양으로 배열한다.
- 방법: ① 검정 부직포를 펼친다.
  ② 아몬드, 자갈, 이파리를 한 개씩 천천히 놓는다.
  ③ 빈 공간을 잡곡으로 자유롭게 채운다.

〈예시: 진행자의 작품〉

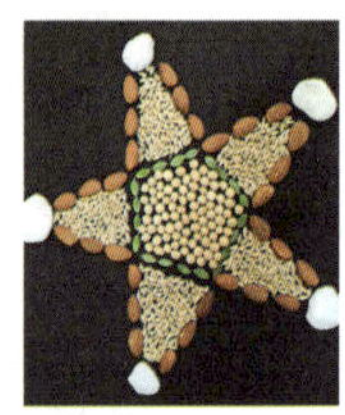

제작: 조수진

작품에 제목 붙이고 설명하기

마음결 고르기를 한 후

- 느껴지는 변화가 있는지 살피고 소감을 나눈다.
- 신체변화(호흡, 긴장과 이완)
- 마음상태(안정감, 편안함, 집중력 등)

마음결 고르기 작품: 잡곡을 별 모양으로 배열하기

카운팅 스타, 밤하늘의 진주

쏟아지는 별빛들 사이로~

별빛이 흩어져 두루 비춰주는 포근한 밤

실제로 별은 구형이라 색다르게 표현해 보았다.

따스함으로 가득 채워지는 마음

길을 안내하는 별, 북두칠성을 따라 걸어 본다.

출처: 전북영양교사직무연수팀

4. 본 활동: 푸드 콘텐츠 제작(푸드 그림책 만들기)

콘텐츠란 원래 서적, 논문 등의 내용이나 목차를 일컫는 말이었지만, 현재는 각종 유무선 통신망을 통해 제공되는 디지털 정보를 통칭하는 말로 자주 쓰인다. 예를 들어, 인터넷이나 PC통신 등을 통해 제공되는 각종 프로그램이나 정보 내용물, CD 등에 담긴 영화나 음악, 게임 소프트웨어 등이 모두 이에 속한다.

푸드 콘텐츠의 다양한 형태

- **레시피 영상**: 요리 과정을 단계별로 보여 주는 영상으로, 시청자가 쉽게 따라 할 수 있도록 돕는다. 유튜브와 같은 플랫폼에서 인기가 많다.
- **푸드 리뷰**: 특정 음식이나 레스토랑에 대한 리뷰를 제공하는 콘텐츠. 소비자들이 선택하는 데 도움을 주며, 개인의 경험을 바탕으로 한 솔직한 의견이 중요하다.
- **푸드 스타일링**: 음식의 시각적 매력을 극대화하기 위해 스타일링하는 과정이다. 이는 사진이나 영상 제작에 필수적이며, 전문적인 기술이 요구된다.
- **푸드 크리에이터 콘텐츠**: 다양한 푸드 크리에이터들이 자신만의 스타일로 제작한 콘텐츠로, 요리법, 음식 문화, 그리고 음식과 관련된 다양한 주제를 다룬다.
- **푸드 블로그 및 SNS 포스트**: 개인 블로그나 인스타그램, 페이스북 등에서 음식에 대한 글과 사진을 공유하는 형태이다. 이는 개인의 취향과 경험을 바탕으로 하며, 많은 사람들과 소통할 수 있는 장점이 있다.
- **푸드 다큐멘터리**: 음식의 역사, 문화 그리고 사회적 의미를 탐구하는 다큐멘터리 형식의 콘텐츠이다.

출처: https://chatgpt.com, 푸드콘텐츠

푸드아트테라피를 활용한 학교 수업 자료집

푸드아트테라피를 활용한 수산물 편식 개선 영양 수업 자료집
(제작: 전북특별자치도교육청)

푸드아트테라피를 활용한 진로 · 인성교육 프로그램
(제작: 전북특별자치도교육청)

푸드 UCC의 예시

- 제목: 미미의 텃밭 정원
- 내용: 텃밭 정원에서 자라고 있는 미미한 꽃과 채소가 지닌 생명력과 아름다움을 푸드코디네이션으로 표현함.
- 제작: 이정연
- 연도: 2024년

- 제목: FOOD STORY, 오늘의 브런치
- 내용: 음식에 관한 생활철학을 숏츠로 제작하였음.
- 제작: 이정연
- 연도: 2024년

- 제목: 오늘의 브런치(실외 편)
- 내용: 주말 아침 근린공원을 산책하고 벤치에 브런치를 차리고 힐링하는 장면을 연출하였음
- 제작: 이정연
- 연도: 2024년

- 제목: 오늘의 브런치(실내 편)
- 내용: 세 가지 과일과 오트밀죽으로 건강한 아침식사를 준비하고 금귤로 장식하였음.
- 제작: 이정연
- 연도: 2024년

출처: https://www.youtube.com/@lemontree1023

〈영양교육과 함께하는 체험행사〉

학교급식 박람회
일시: 2022년 10월 1일
장소: 대구광역시 엑스코

식생활교육 체험 한마당
일시: 2022년 12월 3일
장소: 부산광역시 영양교육체험관

학교급식 관계자 역량강화 연수
일시: 2023년 12월 5일
장소: 부산광역시
해운대센트럴호텔 연회장

부산 어린이박람회
일시: 2024년 8월 16~17일
장소: 부산광역시 벡스코 제2전시장

〈음식을 주제로 한 영화〉

리틀 포레스트(2018, 한국)

고단한 도시의 삶에 지쳐 고향으로 내려온 여주인공이 소꿉친구들과 사계절의 자연 속에서 직접 만든 음식을 통해 과거의 기억과 상처를 치유해 나가는 과정을 수채화처럼 보여 주는 드라마. 자연주의 슬로 푸드를 보는 것만으로도 힐링되는 영화

- 가장 인상적인 장면은?

카모메 식당(2006, 일본)

핀란드 헬싱키에서 작은 일본 가정식 음식점을 운영하는 주인공과 고객들의 잔잔한 사연을 다루었다. 음식점이 마치 커뮤니티의 구심점처럼 기능을 하게 되고 국적이 다른 낯선 이방인들끼리 따뜻한 음식으로 연결되는 소소한 행복을 느낄 수 있는 영화

- 가장 인상적인 장면은?

아메리칸 셰프(2014, 미국)

미슐랭 셰프가 푸드트럭을 시작하며 인생을 다시 찾아가는 유쾌한 스토리. 쿠바 샌드위치를 비롯한 다양한 음식과 음료가 시선을 사로잡는다.

- 가장 감동적인 장면은?

바베트의 만찬 (1987, 덴마크)

북유럽의 작은 마을에서 펼쳐지는 프랑스 요리의 향연. 맛있는 음식이 서로 거리감 있는 마을 주민들을 감동적으로 이어 주는 한 편의 동화 같은 영화. 국내에서 책으로도 출간되었다.

- 가장 감동적인 장면은?

푸드 그림책 UCC 만들기

- 준비물: 종이 타올, 비스킷, 아몬드, 나무토막, 피겨, 자연물 등
- 내용: 크리스마스에 생긴 일을 주제로 개인 작품 만들기
- 방법:
  ① 모둠원의 작품을 모아 크리스마스 이야기 꾸미기
  ② 표지 만들기
  ③ 자막과 배경음악을 넣어 동영상 만들기
  ④ 푸드 그림책 UCC 완성

작품 만들기

크리스마스를 맞아 작은 마을에 사는 아이들과 마을 사람들 사이에서 펼쳐지는 따뜻한 이야기를 상상해 본다.

바닷속 물고기들이 크리스마스를 맞아 선물을 싣고 토끼를 만나러 가는 이야기를 상상해 본다.

푸드 그림책에 제목 붙이고 설명하기

디지털 작업하기

긍정적 피드백 나누기

푸드 그림책 UCC 만들기

크리스마스 온 가족 캠핑 고기 파티!! 배 속 든든 마음 훈훈

고요한 새벽, 축복의 노래, 감사의 선물

함박눈을 맞으며 즐기는 화이트 크리스마스

성탄 축하 공연 보는 중

크리스마스 아침 설레는 마음으로 선물을 개봉하고
따뜻한 벽난로 앞에서 담소를 나누어요.

미리 보는 메리 크리스마스~ with 망고

출처: 전북영양교사직무연수팀 2024 작품 활용

푸드 그림책 UCC 작품

과자로 그림책 만들기. 내 생일에 식구 전부 모여서 케이크에 촛불을 불고 자르는 모습. 행복한 생일이었다.

남자친구랑 함께 만든 크리스마스 트리에 대한 이야기이다. 사랑이 가득한 따뜻한 추억이었다.

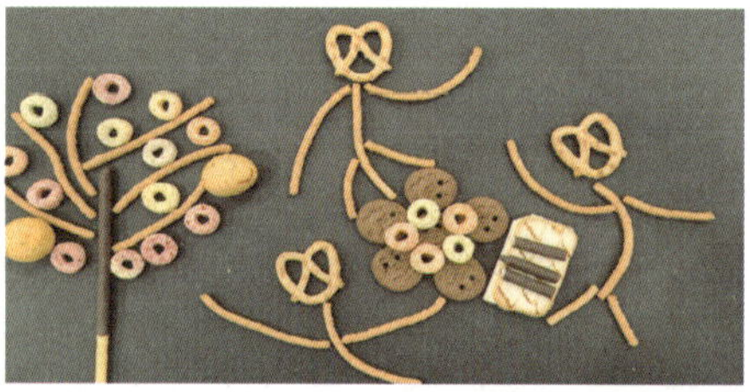

종교와 관계없이 크리스마스 날은 모두가 즐기는 휴일~ 정성 들여 키운 동백나무에 아이들과 트리를 걸며 하하! 호호! 즐거운 시간. 추억의 한 페이지로 남겨진다.

크리스마스 무렵에 결혼식을 했다. 갑자기 그날이 생각나서 드레스 입은 것을 표현해 보았다. 어려움이 있어도 초심을 잊지 않으려고 노력하며 살고 있다.

어렸을 적 크리스마스날 교회에서 떡을 준다고 해서 처음으로 교회에 갔다. 떡도 받고 선물도 받아 정말 행복한 날이었다.

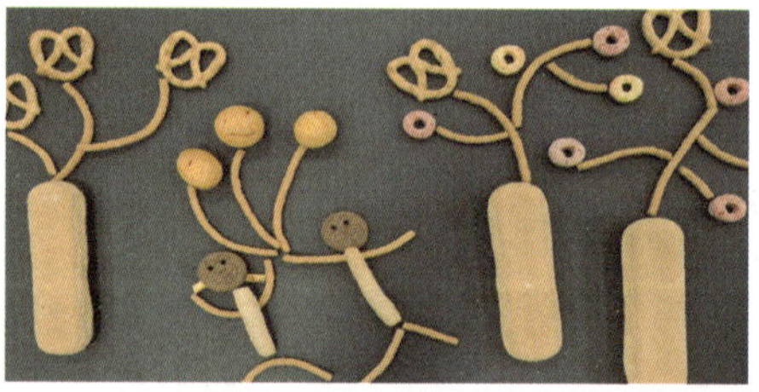

크리스마스에 아이들을 데리고 놀이동산 가기. 풍선 한 가득 손에 들고, 함께 즐거운 시간을 보내고 싶은 마음을 표현한 것이다.

우리 집에 항상 크리스마스 날에 케이크에 불을 켜고 소원을 빌며 예쁜 트리를 만들고 즐겁게 보냅니다.

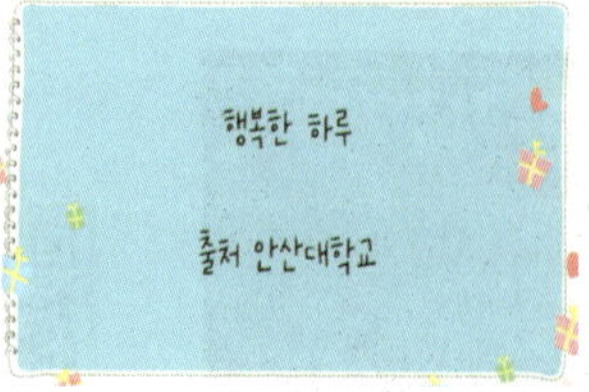

출처: 2024 안산대학교 작품 활용

푸드 콘텐츠 활용 개인 작품

함께 야경을 보는 크리스마스 밤

망고(강아지)의 하루. 바다가 보이는 별장에 가서 크리스마스를 보내는 망고.

함박눈을 맞으며 즐기는 화이트 크리스마스

크리스마스트리와 눈사람 산타를 기다려요. 가족선물을 준비하고 있어요.

함박눈이 내리는 화이트 크리스마스에 남편과 함께 여행 중 분위기 좋은 맛집 레스토랑에서 저녁 식사를~

크리스마스에 화목한 가족이 둘러앉아 점심을 먹어요.

출처: 전북영양교사직무연수팀

5. 본 활동: 만다라 만들기

강의

만다라와 자기치유

만다라란? 산스크리티어로 '원'을 의미, 우주의 원리와 우주 에너지를 시각화한 특별한 그림을 말한다. 창의적이고 아름다운 도형과 컬러 내면의 불안전한 에너지를 긍정적인 방향으로 흐르게 해 주는 명상이다. 만다라는 심리적인 측면에서 내면의 힘을 발견하고 심신의 안정과 조화를 찾는 데 도움을 주며, 일상생활에서 스트레스를 해소하고 행복과 만족을 찾는 데에도 활용된다.

〈다양한 재료로 표현한 만다라〉

씨앗 만다라

https://www.istockphoto.com/kr/%EC%82%AC%EC%A7%84

꽃 만다라

https://blog.naver.com/keverei1/1220254523906

과자 만다라

https://www.ksea.co.kr/m/board/detail.html?id=gallery1&no=820

과일 만다라

https://www.ibulgyo.com/news/articleView.html?idxno=212234

말린 과일 견과류 만다라

https://www.shutterstock.com/ko/image-photo/mandala-shapded-mix-dried-fruits-nuts-788216959

채소 만다라

https://www.shutterstock.com/ko/image-generated/israel-independence-day-vegetables-2460816983

출처: 2024 부산시교육청 주최 영양 · 식생활교육체험행사 곡식만다라 만들기

〈'명상 만다라' 개인전〉

균형 잡힌 기하학적 문양으로 마음의 분별심을 놓게 만드는 만다라. 만다라를 심리치료에 접목해 마음챙김을 돕는 임시연 작가의 '명상 만다라' 개인전을 소개한다.

출처: https://www.youtube.com/watch?v=Xq1mcqlcXGk, BTN News, 분별심 내려 놓는 마음챙김 만다라

일상에서 집중과 관련한 다양한 질문

- 일상에서 가장 많이 느끼는 감정 상태는 무엇인가요?
- 몰입의 즐거움을 느껴 본 적이 있나요?
- 당신이 온전히 집중하고 싶은 것은 무엇인가요?
- 집중을 방해하는 것은 무엇인가요?
- 집중하기 위해 필요한 환경은 무엇인가요?
- 온전한 집중을 통해 이루고 싶은 목표는 무엇인가요?

만다라 작품 만들기

- **준비물**: 면포, 백태, 아몬드, 볍씨, 팥, 검정콩, 집게, 자연물(이파리, 열매), 멘토스 등
- **내용**: 조용한 공간에서 말을 하지 않고, 현재의 행위에 집중하고 도형의 가장자리에서 중심으로 채워 간다.
- **방법**: 접시 등을 이용해 원을 그리고 핀셋으로 잡곡류를 마음 가는 대로 배치한다.

만다라를 만든 후 감상하기 & 긍정적 피드백 나누기

- 만다라를 만드는 동안 몸과 마음에 변화나 느낌이 있었는지 살펴본다.
- 완성된 만다라를 편안하게 감상한다.

응용작품: 사각형 만다라 만들기

- **준비물**: 아몬드, 자연물(이파리, 열매), 오트밀 과자, 양초, 비스킷 등
- **방법**: 사각 면포를 펼쳐서 가장자리부터 핀셋을 사용해 비스킷 등을 마음의 중심을 잡고 집중하여 배치한다.

작품 제작: 만다라 만들기 작품(1)

원의 모형으로 태양을 표현. 태양의 따스한 햇살처럼 주변을 따뜻한 마음으로 품을 수 있었으면 하는 마음으로 표현해 본다.

원을 의미하는 것으로 우주와 에너지를 시각화한 특별한 그림이다. 우주의 중심에 선 나

삐뚤삐뚤한 오늘 내 마음을 "만다라"를 통해 차분하게 마음을 가다듬고 내면의 힘과 심신의 안정과 조화를 찾아본다.

가장자리부터 차곡차곡 쌓아 가운데까지 빽빽하게 단단하게 채웠습니다. 저의 맘이 흡족하여 좋습니다.

원 안에 제 마음을 펼쳐 보았어요. 어려운 과제를 하나씩 풀어 보면서 차근차근 해결해 보려고 합니다.

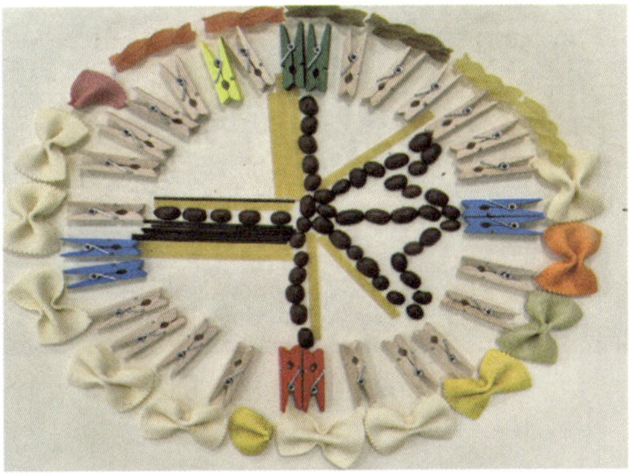

만다라를 만드는 느낌이 너무 좋았고 좋은 인상을 남겼습니다.

작품 제작: 만다라 만들기 작품(2)

정 많은 나의 마음을 다양한 하트로 표현했다.

차곡차곡 행복감을 채워 나가는 마음을 표현했다.

흩어진 생각들을 마음 중심으로 모았다.

곡물 만다라(제작: 조수진)

평온을 비는 마음으로 밤하늘을 바라본다.

다양한 나의 욕구를 6가지 맛을 내는 피자로 표현했다.

출처: 안산대학교

4회기

꽃길만 걸어요

활동명	꽃길만 걸어요	
활동목표	다양한 관점에서 창의성을 증진한다.	
준비물	기본 푸드키트, 동영상, 자연물, 색지, 부직포, 피겨, 그림엽서 등	
단계(시간)	활동내용	활동사진
들어가기 (10분)	▣ 워밍업 • 영상자료: 에듀힐링 동아리 활동	
맞이하기 (30분)	▣ 강의: 성인학습자의 특징 이해하기 • 현대사회 평생교육이 필요한 이유 • 성인 학습 이론 ▣ 꽃길만 걸어요 • 삶을 길에 비유한 질문으로 이야기 나누기 • 작품 만들기 • 작품에 제목 붙이고 설명하기 • 긍정적 피드백 나누기	
마음결 고르기 (50분)	▣ 아몬드 배열하기 • 사람과의 관계에 관한 이야기 나누기 • 작품 만들기 • 작품에 제목 붙이고 설명하기 • 마음결 점검하기	

단계(시간)	활동내용	활동사진
본 활동 (50분)	▣ 나의 10년 후 • 10년 후 나의 미래 모습 상상하기 –10년 후 나의 미래 모습에 관해 이야기 나누기 –다양한 분야에서 미래 모습 추측해 보기 • 작품 만들기 • 작품에 제목 붙이고 설명하기 • 긍정적 피드백 나누기	
마무리 (40분)	▣ 소감 나누기 • 오늘 활동한 내용 나누기 • 활동하면서 새롭게 알게 된 점이나 느낀 점 말하기 • 뒷정리하기 ▣ 마무리 소감 나누기 • 가장 기억에 남는 회기 활동은 무엇인가요? • 성장한 부분은 어떤 점인가요? • 푸드아트테라피를 삶에 활용한다면 어떻게 하고 싶은가요?	
유의사항	"꽃길만 걸어요"를 주제로 한 질문은 긍정적인 경험이나 희망적인 미래에 대한 생각을 이끌어 낸다.	

1. 들어가기

영상자료: 에듀 힐링 동아리 활동(2017년 5월~)

강의

성인 학습자의 특징 이해하기

1. 현대 사회에서 평생교육이 필요한 이유

사회 · 경제 · 기술의 급격한 변화 속에서 개인과 사회가 지속적으로 성장하고 적응하기 위해서는 한 번 배운 지식과 기술만으로 살아가기 어려우며, 지속적인 학습을 통해 새로운 기술을 익히는 것이 필수적이다.

- **인구구조의 변화**: 100세 시대에 퇴직 후에도 생산적인 활동을 원하는 시니어들이 증가하고 있어 삶의 질을 풍요롭게 하는 새로운 경력 개발이 필요하다.
- **급속한 기술의 발전과 변화**: 4차 산업혁명으로 인해 기존 지식과 기술의 양식이 빠르게 변화하고 있다. 따라서 디지털 기반의 학습이 필요하다.
- **고용 환경의 변화**: 평생직장의 개념이 사라지고 있으며, 고용불안을 극복하고 직업의 유연성을 확보하기 위하여 지속적인 교육과 재교육이 필요하다.

2. 말콤 놀스(Malcolm Knowles)의 성인학습이론

- **자기 주도적 학습**(Self-directed Learning): 성인은 자신의 학습 목표와 필요를 스스로 인식하고, 학습 과정에서도 자율성을 가지려는 경향이 있다. 주어진 지식을 단순히 받아들이기보다는 능동적으로 탐색하고 비판적으로 판단한다.
- **경험을 활용한 학습**(Experiential Learning): 성인은 이미 다양한 삶의 경험을 가지고 있으므로 새로운 개념을 배울 때 기존의 경험과 연결하여 이해하려고 하며, 실생활과 관련된 학습을 선호한다.
- **목표 지향적 학습**(Goal-oriented Learning): 성인은 학습의 목적이 분명할 때 동기부여가 이루어진다. 학위 취득 외에 단기적 · 장기적으로 실용적인 목표달성을 중요시한다.
- **문제 해결 중심의 학습**: 성인은 이론보다는 실용적인 지식을 선호하므로, 문제 해결 중심(problem-solving approach)으로 학습하려는 경향이 강하다.
- **내재적 동기**(Intrinsic Motivation): 성인의 학습 동기는 외부의 강요보다는 개인적인 필요나 흥미에서 비롯되므로, 개인의 성장, 자기 계발, 직업적 발전 등의 이유로 학습에 참여하는 경우가 많다.
- **시간과 자원의 제한**(Time and Resource Constraints): 성인은 가정, 직장 등 다양한 역할을 수행해야 하므로 학습에 쓸 수 있는 시간이 제한적이다. 학습을 효율적으로 계획하고, 단기간에 성과를 낼 수 있는 방식의 교육을 선호한다.
- **학습에 대한 저항**(Resistance to Learning): 기존의 신념이나 경험과 배치되는 새로운 정보를 받아들이기 어려워하는 경우가 있다. 강압적인 교육 방식보다는 참여와 토론을 통해 학습하는 것이 효과적이다.

〈만학도의 실제 사례〉

www.youtube.com › watch
"88세 할머니, 25학번 새내기 됐다!"...과잠입고 찰칵 '만학도의 ...
... 한복 차림의 할머니들. 머리 위로 ' ... 25년도 수능 최고령 수험생으로, 여든 넷에 대학에 입학하게 된 임태수 만학도도 동기가 됐습니다.
YouTube · KBS News · 5일 전

www.youtube.com › watch
[BBS뉴스] 88세 만학도의 '불심 가득한' 대학 합격기
현재 진행되고 있는 2024학년도 대학 입시에서 여든여덟 나이에 최고령으로 합격한 불자 만학도가 화제를 낳고 있습니다. 배움에는 나이가 없다는 말 ...
YouTube · BBS NEWS · 2024. 1. 15.

www.youtube.com › watch
'대학 입학' 꿈 이룬 '87세'..."세상이 환하게 보이는 것 같아" / SBS
〈앵커〉 내년에 대학 캠퍼스를 밟게 되는 늦깎이 신입생이 있습니다. 87살의
금자 할머니인데요. 집에서 대중 교통으로 왕복 3시간 넘는 거리를 ...
YouTube · SBS 뉴스 · 2023. 12. 30.

2. 맞이하기: 꽃길만 걸어요

삶을 길에 비유한 다양한 질문

- 삶에서 정해진 길을 가는 것과 만들어 가는 길을 가는 것의 차이는 무엇일까요?
- "꽃길만 걸어요"는 무슨 뜻인가요?

  –"꽃길만 걸어요"라는 말을 들어 본 적 있나요?

  어느샌가 따뜻해지는 마음을 담은 말이 유행되고 있다. 실제로 2020년 50여 명의 국어학자가 뽑은 신조어에서 3위를 했던 "꽃길"은 원래 꽃이 뿌려진 길이라는 좁은 의미에서 좀 더 변형되어 상대방의 순탄하고 행복한 삶을 바라는 의미의 인사말이 되었다.

  –꽃길만 걷자는 '좋은 일만 생기기를 바란다'는 의미의 비유적인 표현이다.
- 내가 걷고 싶은 꽃길은 어떤 길인가요?
- 아직 누구에게도 말하지 않는 꿈이나 소망이 있나요?
- 그 길을 걷기 위해 지금 해야 하는 일은 무엇인가요?

작품 만들기

- 준비물: 부직포, 볍씨, 피겨, 핀셋, 자연물, 오트밀 쿠키, 아몬드, 엽서 등
- 내용: 나만의 꽃길을 상상하며 표현한다.
- 방법: ① 부직포를 펼친다.

  ② 볍씨로 길을 만든다.

  ③ 솔방울, 아몬드, 오트밀 쿠키를 살아가면서 얻는 성공 열매, 행복한 일로 표현한다.

  ④ 피겨와 꽃, 그림엽서를 배치한다.

작품에 제목 붙이고 설명하기

긍정적 피드백 나누기

맞이하기 작품: 꽃길만 걸어요(1)

위로 상승하는 꽃길. 말년에 많은 열매(친구, 건강한 식구, 안식처 등)를 맺고 싶어요.

화려한 꽃길~ 나의 길

쓴맛, 매운맛도 보면서 묵묵히 걷다 보면 향기로운 꽃도 피우고 각양각색의 열매를 맺게 되는 우리네 인생길

꽃길 끝 등불(소망, 희망)

걷다 보니 꽃길이어라~

미래 배우자와 함께 만들어 가는 꽃길

출처: 전북영양교사직무연수팀

맞이하기 작품: 꽃길만 걸어요(2)

달콤한 꽃길을 걸어요^^

즐거운 나의 꽃길

구불구불하지만 따뜻한 나의 꽃길

꽃을 보듯 오늘도 나의 길을 간다~~

크고 작은 일들을 지나 행복한 가정을 이루는 꽃길

자갈길 다음엔 꽃길도 와요.

출처: 전북영양교사직무연수팀

3. 마음결 고르기: 아몬드 배열하기

대인관계에 관한 이야기 나누기

- 인간관계를 넓히고 다양성을 즐기는 것이 중요하다고 생각하나요?
- 인간관계에서 가장 중요하게 생각하는 것은 무엇인가요?
- 새로운 사람들과 친해지는 과정에서 자주 겪는 불안 또는 걱정이 있나요?
- 가장 효과적인 소통 방법은 무엇이라고 생각하나요?

작품 만들기

- **준비물**: 검정 부직포, 잡곡, 아몬드, 이파리, 멘토스 등
- **내용**: 세모를 더하면 사각형으로 확대되듯 사람들과의 연결을 통해 사회적 네트워크가 확장되는 모습을 표현한다.
- **방법**: ① 검정 부직포를 펼친다.
  ② 아몬드, 이파리를 한 개씩 천천히 놓으며 세모를 만든다.
  ③ 멘토스를 자유롭게 배치한다.

작품에 제목 붙이고 설명하기

마음결 고르기를 한 후

- 느껴지는 변화가 있는지 살피고 소감을 나눈다.
- 신체변화(호흡, 긴장과 이완)
- 마음상태(안정감, 편안함, 집중력 등)

마음결 고르기 작품: 아몬드 배열하기

서로 기대고 지지해 주면서 어우러져 가다 보면 뾰족하고 날카로운 것들이 부드럽게 둥글둥글해짐. 처음 세모를 만들 땐 뾰족한 것을 싫어하는 나를 알아챘고, 계속 만들다 보니 균형을 이뤄 가는 모습에서 평안함을 느끼게 됨.

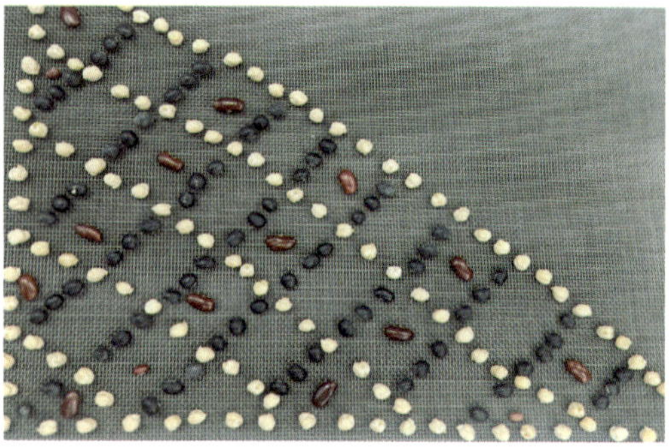

흔들림 없이 평온한 마음~

정돈된 마음 고르기 그리고 예쁨~

직선 안의 리듬

세모가 모여 네모가 되고 큰 마음이 된다.

차곡차곡 쌓여 꽉 찬 나의 맘

출처: 전북영양교사직무연수팀

참고자료

'어떻게 하면 좋은 삶을 살 수 있을까?' 동영상

"우리를 행복하고 건강하게 만드는 것은 부와 명예가 아니라 좋은 관계입니다. 젊은 시절에는 부와 명예를 더 우선시하죠. 사회 역시 그렇게 말하고요. 하지만 75년 동안 700명을 추적한 연구 결과 행복의 답은 좋은 관계였습니다."

출처: https://www.youtube.com/watch?v=jqu-175YUHA, 한글도서관, TED [로버트 월딩어] 어떻게 하면 좋은 삶을 살 수 있을까?

사람과의 관계에서 중요한 핵심 요소 알아보기

- **신뢰**: 관계의 기초가 되는 요소로, 서로의 말과 행동을 믿고 의지할 수 있어야 한다.
- **소통**: 효과적인 의사소통은 오해를 줄이고, 서로의 감정과 생각을 이해하는 데 도움을 준다. 열린 대화가 중요하다.
- **존중**: 상대방의 의견, 감정, 경계를 존중하는 것이 관계를 건강하게 유지하는 데 필수적이다.
- **공감**: 상대방의 감정을 이해, 공감하는 능력은 관계를 깊게 하고, 서로의 유대감을 강화한다.
- **지지**: 서로의 목표와 꿈을 지지하고 격려하는 것은 관계를 더욱 돈독하게 만든다.
- **갈등 해결**: 갈등은 자연스러운 부분이지만, 이를 어떻게 해결하느냐가 관계의 질을 결정짓는다. 건설적인 방식(긍정적, 실용적인 접근)으로 문제를 해결하는 것이 중요하다.

"인간관계 좋을수록 장수한다"

인생의 성공과 실패를 연구한 학자들에 따르면, 잘못 맺은 인간관계가 실패의 원인일 때가 많다. **좋은 인간관계 만들기, 즉 '인(人)테크'의 중요성은 건강에도 그대로 적용된다.** 지금까지 수행된 수많은 연구 결과를 살펴보면 사회적 유대 관계가 돈독한 사람들이 정신뿐 아니라 육체적 건강도 양호하다. 또 장수하는 경향도 있다. 그런데 최근 이 분야의 대가인 리사 벌크만 교수(하버드 대학 보건대학원)가 사실을 다시 한번 확인시키는 연구 결과를 내놓았다. 벌크만 교수는 『미국 역학회지』 최신호에 지난 10여 년간 프랑스 전기가스공사 소속 남녀 직원 1만 6,699명을 조사한 연구 결과를 발표했다. 그 결과, 결혼 상태, 친구 및 가족과의 관계, 자발적인 사회 참여 등을 기준으로 한 '사회적 통합성'이 낮은 사람일수록 사망률이 더 높았다. 특히 이같은 경향은 여성보다 남성에게서 두드러졌다. 사회적 통합성이 가장 낮은 남성은 가장 높은 남성에 비해 사망률이 2.7배나 높았고, 암 발생률은 3.6배, 사고 및 자살률은 3.5배나 높았다. 벌크만 교수의 연구에서 주목할 점은 흡연과 음주의 영향을 현저하게 줄인 뒤에도, 사회적 통합성이 낮으면 사망률이 높았다는 사실이다. 흔히 남성들이 남들과 교제하다 보면 음주 및 흡연량이 늘게 되어 건강을 해칠 수 있다는 통념을 깨뜨려 준 셈이다. 하지만 **사회에서 고립되어 갈수록 만성 질환, 흡연, 음주, 우울증 등 건강에 부정적 영향을 미칠 수 있는 위험 요소들이 출현할 가능성은 커진다.**

친구로부터 강력한 정서적 지원을 받는 사람들은 기억력 유지와 사고력 향상에 큰 도움을 받는다. 지속적으로 다른 사람과 유대감을 이어 가는 것은 나이가 들어 감에 따라 약해지기 쉬운 긴장감을 유지하는 데 버팀목이 될 수 있다. 학자들은 **인간이 다른 사람과 친분을 쌓는 것은 혼자일 때 받는 스트레스의 영향을 완충시켜 정서 불안, 기억력 및 집중력 장애, 자신감 상실 등과 같은 신경내분비계 증상이 나타나는 것을 막아 준다**고 본다. 궁극적으로 심장질환이나 뇌 혈전증과 같이 생명을 위협하는 각종 병적 현상으로 진전하는 것을 더디게 하는 효과가 있다는 것이다.

출처: https://www.sisajournal.com/news/articleView.html?idxno=97778, 시사저널, 인간관계 좋을수록 장수한다

4. 본 활동: 나의 10년 후

10년 후 나의 미래 모습에 관해 이야기 나누기

- 10년 후 당신의 이름 앞에 수식어를 붙인다.
- 푸드아트테라피 전문가로서의 미래 모습을 상상해 본다.
- '지금 사는 모습이 곧 나의 미래'라는 생각으로 미래를 예측해 본다.

몇 년 후 당신의 삶을 결정하는 것들

1. 지금 당신 곁에 함께 있는 사람
2. 구체적인 계획과 삶의 목표
3. 오늘을 임하는 마음가짐
4. 자신을 사랑할 수 있는 태도
5. 꾸준히 뭔가를 지속하는 힘
6. 쉽게 흔들리지 않는 루틴
7. 건강한 식습관과 운동 루틴
8. 자기계발, 자기 관리 투자 시간

작품 만들기

- **준비물**: 부직포, 잡곡, 피겨, 화병, 자연물, 커피 캡슐, 그림엽서 등
- **내용**: 10년 후 나의 미래 모습을 상상하며 표현한다.
- **방법**: ① 부직포를 펼친다.
  ② 볍씨로 생태 마을 길을 만든다.
  ③ 나뭇잎, 솔방울 등 자연물을 활용해 생태 마을 체험장소를 자유롭게 배치한다.

제목: 생태체험 수목원

작품에 제목 붙이고 설명하기 & 긍정적 피드백 나누기

〈응용 작품: 나의 10년 후~〉

크고 작은 일들이 많이 있겠지만 사랑으로 보듬어 줄 수 있는 따뜻한 사람이 되고 싶다.

동료들과 함께 연구하고 성장하여 학교에서 빛나는 사람이 되고 싶다.

출처: 전북영양교사직무연수팀

참고자료

다양한 분야에서 미래 모습을 추측해 보기

- **기술 발전**: 인공지능과 로봇 기술이 우리의 일상생활에 어떤 방식으로 통합될 것이라고 생각하나요?
- **직업 시장**: 어떤 새로운 직업이 생겨날까요? 그리고 그 직업에 필요한 기술은 무엇일까요?
- **환경 변화**: 기후 변화가 우리의 생활 방식에 어떤 영향을 미칠 것이라고 생각하나요?
- **사회적 변화**: 인구구조의 변화가 사회에 미치는 영향은 무엇일까요? 예를 들어, 고령화 사회에서의 변화는 어떤 모습일까요?
- **교육**: 교육 시스템은 어떻게 변화할 것이라고 예상하나요? 온라인 교육과 전통적인 교육의 비율은 어떻게 될까요?
- **교통**: 자율주행차와 같은 혁신적인 교통수단이 우리의 이동 방식에 어떤 영향을 미칠 것이라고 생각하나요?
- **건강 관리**: 개인 맞춤형 의료 서비스가 어떻게 발전할 것이라고 예상하나요? 그리고 이는 우리의 건강 관리 방식에 어떤 변화를 가져올까요?
- **소비 트렌드**: 소비자들이 선호하는 제품이나 서비스 트렌드는 어떻게 변화할 것이라고 생각하나요?
- **문화와 예술**: 디지털 기술이 문화와 예술의 창작 및 소비 방식에 어떤 영향을 미칠 것이라고 예상하나요?

출처: https://chatgpt.com, 다양한 분야 미래 모습 추측하기

뒤늦게 발동걸린 인생들의 이야기

나이 60~70대, 심지어는 80대가 지난 뒤에야 새로운 인생에 골인한 인물들을 추적하고, 그들의 성공 이야기를 담은 책이다. 남들은 이미 늦은 나이라고 치부해 버리는 연령대에도 그들은 결코 자신들의 꿈을 포기하지 않았고, 자신이 바라는 진정한 삶의 모습을 그리며 살아온 이야기책이다.

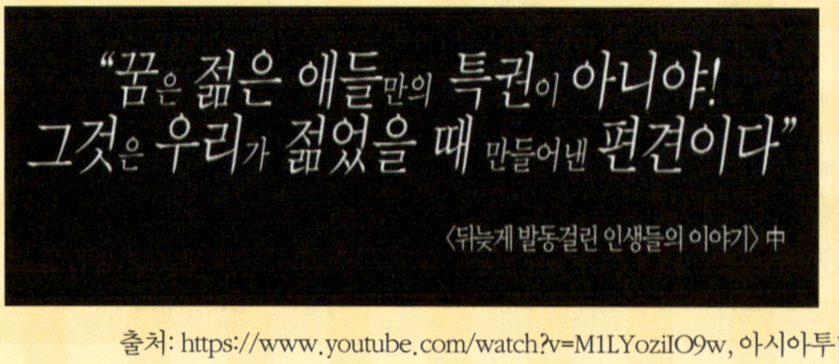

출처: https://www.youtube.com/watch?v=M1LYoziIO9w, 아시아투데이, 김덕영의 '뒤늦게 발동걸린 인생들의 이야기'

작품 제작: 나의 10년 후

10년 후~~
건강하고 날씬한 나!!!

한길만 쭉 걸어온 나에게 주는 선물로 비즈니스석을 타고 한 달 살기 해외여행 떠나요~ 앗싸~~~

자녀의 독립! 부모의 독립!
각자의 행복한 삶을 사는 모습!!

지금은 도토리처럼 작고 경험이 부족한 신규 영양교사이지만, 10년 후에는 다양한 경험이 쌓이고 역량이 커져 선한 영향력을 주는 영양교사가 되어 있을 것이다.

제2의 인생길 도전하고 꿈을 꾸며, 세계를 누비며 사랑과 은혜 안에 자유롭고 열매 맺는 삶

성장 연못. 10년 후에도 나는 새로운 도전과 배움 꾸준히 하여 다양한 열매를 맺고 있을 것이다.

출처: 전북영양교사직무연수팀

5. 마무리 소감 나누기

성인 학습자를 위한 푸드아트테라피 마무리 나누기

- 가장 기억에 남는 회기 활동은 무엇인가요?
- 성장한 부분은 어떤 점인가요?
- 푸드아트테라피를 삶에 활용한다면 어떻게 하고 싶은가요?

참가자(연령)	마무리 소감
최○○ (41세)	요즘 일도 쫓기듯 하고 몸도 아파서 지쳐 있었는데 선생님들에게 푸드아트테라피하는 동안 많은 챙김을 받았습니다. 정말 감사드려요. 그리고 학생들과 소통할 수 있는 매개를 알게 된 것도 큰 힘이 된 것 같습니다. 수험생활로 지쳐 있는 아이들과 힐링 시간을 한번 가져 봐야겠습니다. 벌써 신기해하면서 즐거워할 아이들 반응이 궁금해집니다.^^ 음식 예술은 사랑이에요^^
송○○ (40세)	준비해 주시고, 함께해 주신 선생님들 감사합니다. 몸은 피곤하지만, 맘은 행복해지는 뜻깊고, 즐거운 시간이었습니다. 푹 쉬시고, 다음에 건강한 모습으로 다시 뵈어요~
이○○ (53세)	누군가에게 나의 이야기를 할 수 있다는 것. 편견 없이 들어 줄 사람이 있다는 것. 울고 싶을 때 울 수 있다는 것~ 내 감정이 자라나고 있는 벽참도 함께 공감해 줄 수 있다는 것이 모든 것을 가능하게 하는 따뜻한 마음자리, 푸드아트테라피의 세상에서 오늘도 잘 쉬고 갑니다~ 혼자가 아닌 우리가 되었다는 이 든든함이 참 포근합니다.
안○○ (56세)	푸드아트테라피 연수를 준비한다는 것이 얼마나 힘든지 알기에 귀한 선물을 마련해 주신 분들께 감사드립니다. 10월 연수 딱 좋은 시기인 거 같아요. 지칠 대로 지친 우리들에게 이 공부가 치유가 되고 마음속에 남은 여운들은 보약이 되어 남은 2024년 잘 마무리지을 거 같아요. 처음 접해 본 마음결 고르기, 완전히 반했습니다.
김○○ (53세)	그동안 받았던 그 어떤 교육보다 즐겁고 유쾌하고 행복했었던 시간이었습니다. 선후배가 함께여서 의미가 있었고, 푸드아트테라피를 통해 따뜻한 교감을 할 수 있어서 오래오래 기억에 남을 거 같습니다. 연수 기간 웃고 떠들며 함께 나누었던 울 동기들 고맙고 사랑합니데이~
조○○ (43세)	지친 일상에 따뜻한 위로를 받게 되어 참으로 감사했습니다~^^ 제 안의 몽글몽글한 감정들을 표현해 보고 보듬어 주며 마음을 정리할 수 있는 감사한 시간이었습니다. 정말 감사드립니다~
조○○ (54세)	푸드아트테라피의 매력에 푹 빠지는 시간이었다. 푸드를 가지고 나 자신의 감정, 생각을 표현하는 것은 매우 흥미롭고 다른 사람의 작품을 보고 위로받고 동기부여받을 수 있어서 더 좋았다. 주변 사람과 사물에 여유를 가지고 관심 있게 바라보게 된다.

참고자료

세계로 뻗어가는 푸드아트테라피

- **일시:** 2024년 1월
- **참가자:** 서울경기지부 회원
- **재료:** 소면, 중면, 검은 부직포, 기타 소품
- **내용:** 푸드아트테라피가 확장해 가는 모습을 형상화한 조별 활동

유사 상품을 물리치고 정통 푸드아트테라피가 느티나무처럼 견고하게 성장하여 전국적으로 결실을 맺은 모습

우리가 구심점이 되어 방사선처럼 동시다발적으로 가지가 뻗어 나가는 모습

대지에 살아 숨쉬는 모든 생명체와 더불어 푸드아트테라피가 번영하는 모습

새로운 진로: 요리책 큐레이터

푸드아트테라피 전문가가 지역사회에서 시니어를 대상으로 마음치유를 위한 책을 권하는 그림책 큐레이터로 활동하기 위해서는, 특히 요리책과 관련하여 풍부한 스토리텔링을 하는 능력을 갖출 필요가 있다.

선재스님이 직접 선보이는 사찰음식을 소개하는 책

만성 염증에 시달리던 유명 유튜버인 저자가 건강한 채소 항염식을 소개하는 책

전 세계 다양한 고추 재료를 활용한 110개의 레시피를 소개하는 책

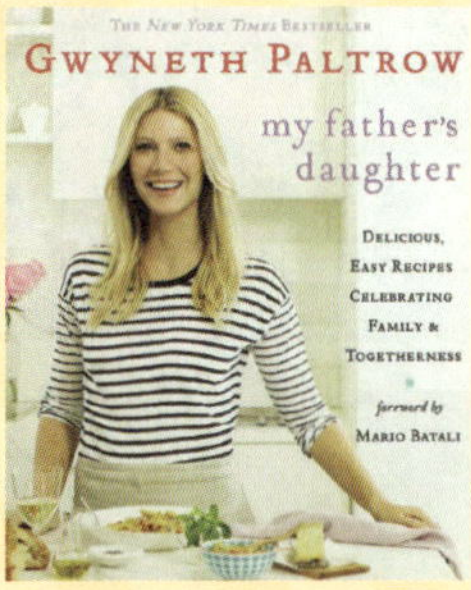

유명 배우 기네스 펠트로가 안내하는 자연주의 요리책

푸드예술심리상담사의 성공 사례: 박경란 소장

"요리 관련 일은 2001년부터 시작하였습니다. 어느 날 방과 후 학교에서 센터(고아원)에 있는 아이들을 만나게 되었습니다. 몇몇 부정적인 아이들을 보면서 아이들의 긍정적인 자원을 알려 주고 싶었던 시기에 우연한 계기로 푸드아트테라피를 접하게 되었습니다. 푸드아트테라피를 통해 아이들이 변화하는 모습을 볼 때마다 사명감이 생겼습니다."

신나고 맛있고 행복한 푸드아트 박경란 연구소
주소: 부산광역시 해운대구 대천로 42번길 14, 청마마이우스 아파트 상가 2층

조리사로 시작하여 만학도로 공부에 정진하여 60세에 경성대학교 대학원 졸업 석사학위 취득

딸과 함께 푸드예술심리상담사로 활동

독거노인 음식나눔봉사 등 지역사회에서 다양한 영역을 개척해 감.

과제하기: 토요일 아침 브런치 만들기

작품사진
제목
준비물
설명

푸드예술심리상담사 민간 자격등록증

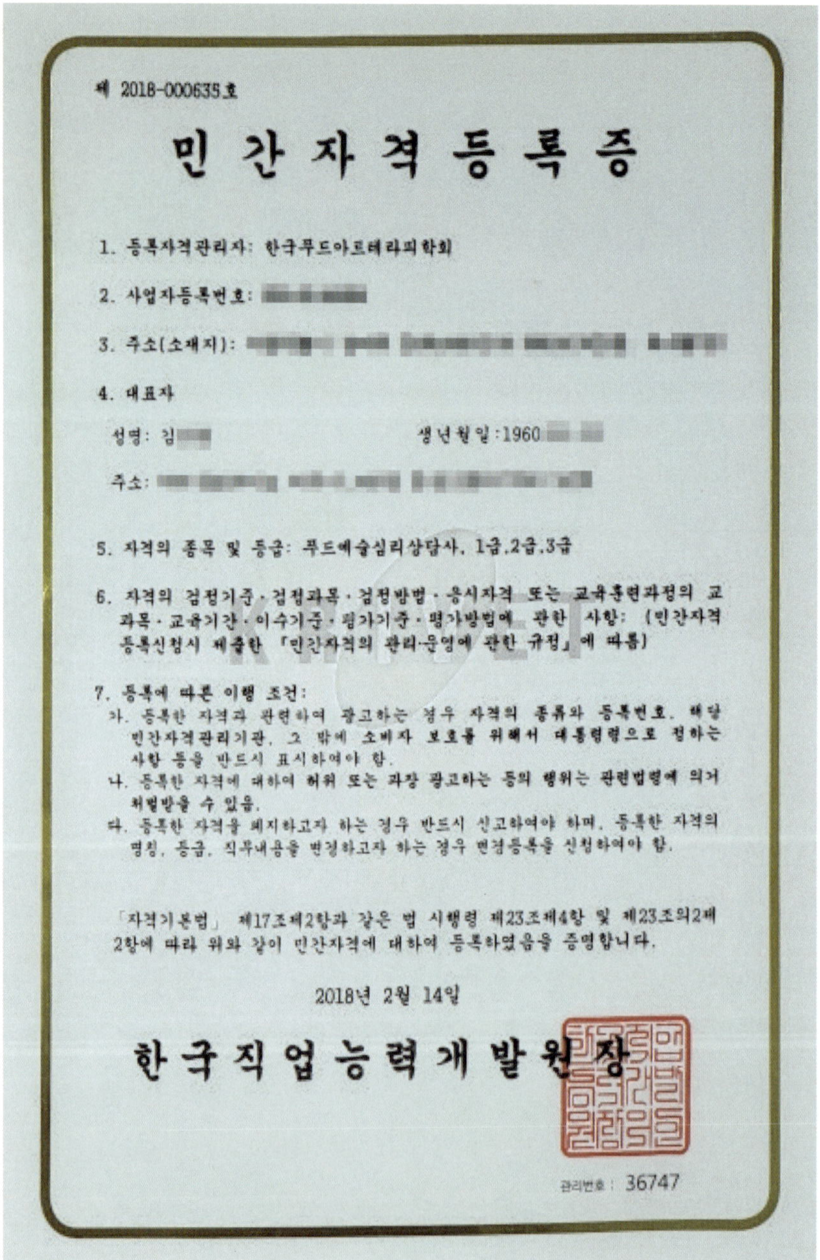

제 2018-000635호

민 간 자 격 등 록 증

1. 등록자격관리자: 한국푸드아트테라피학회

2. 사업자등록번호:

3. 주소(소재지):

4. 대표자

성명: 김　　　생년월일:1960

주소:

5. 자격의 종목 및 등급: 푸드예술심리상담사, 1급,2급,3급

6. 자격의 검정기준·검정과목·검정방법·응시자격 또는 교육훈련과정의 교과목·교육기간·이수기준·평가기준·평가방법에 관한 사항: (민간자격 등록신청시 제출한 「민간자격의 관리·운영에 관한 규정」에 따름)

7. 등록에 따른 이행 조건:
가. 등록한 자격과 관련하여 광고하는 경우 자격의 종류와 등록번호, 해당 민간자격관리기관, 그 밖에 소비자 보호를 위해서 대통령령으로 정하는 사항 등을 반드시 표시하여야 함.
나. 등록한 자격에 대하여 허위 또는 과장 광고하는 등의 행위는 관련법령에 의거 처벌받을 수 있음.
다. 등록한 자격을 폐지하고자 하는 경우 반드시 신고하여야 하며, 등록한 자격의 명칭, 등급, 직무내용을 변경하고자 하는 경우 변경등록을 신청하여야 함.

「자격기본법」 제17조제2항과 같은 법 시행령 제23조제4항 및 제23조의2제2항에 따라 위와 같이 민간자격에 대하여 등록하였음을 증명합니다.

2018년 2월 14일

한국직업능력개발원장

관리번호: 36747

손바닥연못

이정연

이 세상에 와서
수많은 풍경 중에
너와 내가 만들어 가는
영혼의 쉼터

마음을 전하고
마음을 나누고
마음이 움직이는
아름다운 정경

더 맑아지고
더 고요해지는
손바닥 연못에
이파리를 띄운다

인생공부

이정연

이 세상에 놀러 왔다가
공부하고 간다네

쓴 물 단 물 다 들이키고
빛이 새는 지하에서 비틀거리고

젊어선 부딪치며 배우고
늙어선 제 살을 파먹으며

무섭게 내리치는 세상살이
절반은 버려야 하는 길찾기

머리결 희어지는 순간에도
초록빛 등불 되어

껍질만 뒹구는 여행지에서
남은 시간도 숙제를 하네

한마당

이정연

하늘과 땅은 쉬지 않고
해와 달은 어둠을 물리친다

어른이 중심을 잡고 있으니
아이들과 강아지가 뛰어놀고

비를 맞으며 화초가 자란다
두려움은 작은 바구니에 담고

비워도 채워지는 너른 마당에서
어여쁜 꽃무리, 하나가 되리

마을길 사랑길 열어
빛나는 우리, 하나가 되리

부록 3 전북특별자치도 학교 식생활관 맞이하기(제작: 안은경)

- **목적**: 급식으로 제공되는 식재료에 대한 관심을 유도, 편식을 극복하는 푸드브릿지 중 1단계로 식재료와 친해지기
- **방법**: 급식시간에 당일 식재료를 활용한 맞이하기 표현 및 식재료의 영양정보 제공
- **효과**: 급식이 단순히 식사만 제공하는 것이 아닌 교육급식 차원으로 업그레이드, 학생들의 식재료에 대한 관심 유도 및 영양교사와 학생들 간의 소통의 장으로 활용

새학기 새송이버섯으로 목련꽃 송이를 표현

코로나19로 인해 대화하지 않고 식사하기 안내를 파스타로 표현

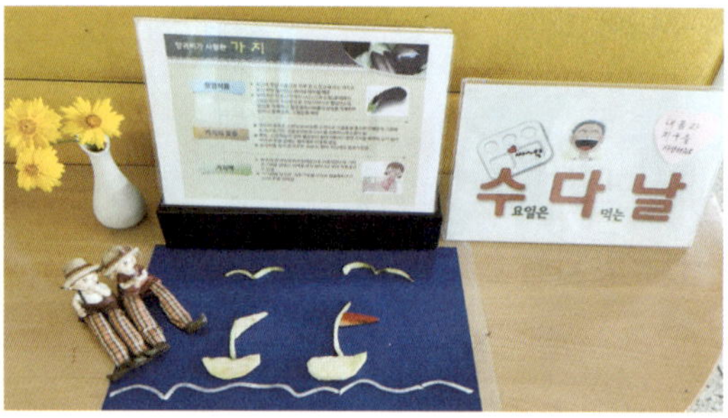

가지의 영양 안내 및 가지로 바다 풍경 표현

익산역 기찻길 옆에 위치한 학교라 가끔씩 들리는 기차 소리를 듣고 양파로 표현

여름날 비가 내리기를 기원하는 수박 표현

어묵과 강황가루를 활용해 수.다.날 표현

복주머니 포장 식혜를 제공하면서 기호도가
낮은 식혜에 관심을 갖도록 소금을 활용한 표현

당근전을 메뉴를 제공하면서 당근을 활용한 표현

겨울에 더 맛있어지는 무와 당근을 활용한 표현

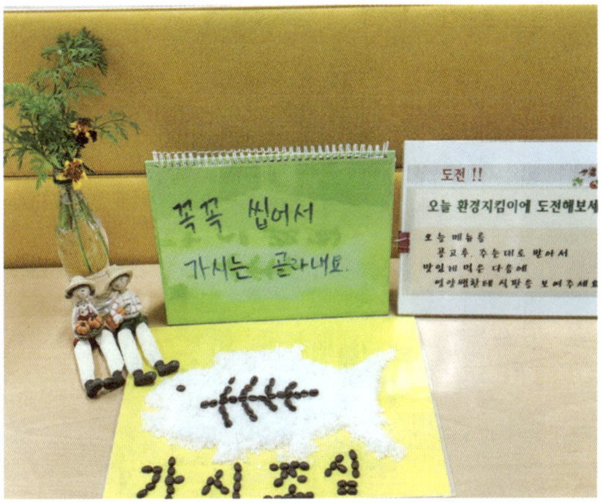

생선요리가 나가는 날, 학생들이 안전하게
먹을 수 있도록 소금과 커피콩을 활용한 표현

세발나물을 활용한 크리스마스트리

사과의 영양 안내 및 당근을 활용한 표현

부록 4 지역사회 행사 맞이하기 상차림

작품	설명
	• 일시: 2023년 12월 • 장소: 부산광역시 해운대 센트럴호텔 • 내용: 꽃과 향초 그리고 간식으로 풍성하게 송년회 분위기를 연출하였음.
	• 일시: 2024년 4월 • 장소: 송파구 1인가구지원센터 • 내용: 집에서 기르는 봄채소를 소재로 하여 편안한 실내 정원을 구성하였음.
	• 일시: 2024년 6월 • 장소: 송파구 육아종합지원센터 • 내용: 연초록 매실과 방울토마토를 소재로 하여 싱그러운 초여름의 다과상을 연출하였음.
	• 일시: 2024년 8월 • 장소: 대한영양사협회 학술대회 AT센터 • 내용: 라탄 그릇과 핸드메이드 소품들을 그릇으로 활용하여 빈티지 느낌의 홈카페를 연출하였음.
	• 일시: 2024년 11월 • 장소: 송파구 육아종합지원센터 • 내용: 어릴 적 시골 할머니집을 놀러가 꽃밭과 텃밭에서 소꿉놀이하는 모습을 연출하였음.

참고문헌

PART I 푸드아트테라피의 이해

김상보(2006). 조선시대의 음식문화. 가람기획.p.81.

김세정(2006). 동양사상, 환경, 생태담론의 현주소와 미래. 오늘의 동양사상, 제14호 155. 예문동양사상연구원.

양진향(2001). 한국 여성의 음식양생에 관한 체험연구. 이화여자대학교 대학원 박사학위논문.

이정연(2008). 푸드아트테라피의 이해. 2008년도 한국푸드아트테라피 학회 학술대회 자료집, pp.25-32.

이정연(2009). 푸드아트테라피. 신정.

이정연(2012). 창의적인 감성표현을 위한 푸드아트테라피. 2012년도 전국영양사학술대회 자료집. 사단법인 대한영양사협회.

이정연(2012). FAT 심전훈련. 2012년도 한국푸드아트테라피 정기 워크숍 자료집.한국푸드아트테라피학회.

이정연(2012). 푸드아트테라피에서의 생명중심사상. 푸드아트테라피, 1(1), 5-17. 한국푸드아트테라피학회.

조남욱(2007). 유가에서 본 공공사회와 공공윤리제고론. 윤리교육연구, 제12권, 1-18. 한국윤리교육학회.

최상진, 윤호균, 한덕웅, 조긍호, 이수원(1999). 동양심리학. 지식산업사. pp.289-296.

PART II 성인학습자를 위한 푸드아트테라피

CHAPTER 01-1회기. 나의 살아온 이야기

나무위키. 병아리콩. https://namu.wiki/w/%EB%B3%91%EC%95%84%EB%A6%AC%EC%BD%A9#s-6

네이버 지식백과 나의 생활연대기[life chronology, -生活年代記](상담학 사전, 2016. 01. 15., 김춘경, 이수연, 이윤주, 정종진, 최웅용)

네이버 지식백과. 규방다례(한국민족문화대백과, 한국학중앙연구원)

위키피디아. 발효음식. https://ko.wikipedia.org/wiki

이정연. 방울토마토의 하루. https://www.youtube.com/shorts/RN-xBqswOLU

CHAPTER 01-2회기. 건강한 생활습관

https://m.health.chosun.com/svc/news_view.html?contid=2015032702547, 헬스조선, 매일 먹는 밥통곡물

로 바꾸면 혈압 떨어지고 체중 감소
https://m.health.chosun.com/svc/news_view.html?contid=2020060303172, 헬스조선, 고품질 탄수화물 당뇨병 위험 낮춘다
https://www.realfoods.co.kr/article/1369205, 리얼푸드매거진 건강한 탄수화물 VS 나쁜 탄수화물
https://www.youtube.com/@lemontree1023, 이정연
https://www.youtube.com/watch?v=1CW7P9jAPDg, 낙안읍성, JTBC
https://www.youtube.com/watch?v=6JBmbiqXM4Y, KBS대추나무사랑걸렸네 오프닝
https://www.youtube.com/watch?v=Xoo9uHP7Y00, MBN, 명사수 내 몸을 지키는 착한 탄수화물
https://www.durunubi.kr. 두루누비(한국관광공사가 제공하는 여행 경로 추천 및 정보 플랫폼)
한국민속대백과사전. 가을 걷이. https://folkency.nfm.go.kr
https://www.ohmynews.com/NWS_Web/View/at_pg.aspx?CNTN_CD=A0002717379, 오마이뉴스. 노래 '영암아리랑'의 본고장, 암각 매향비 반기는 영암 엄길마을
위키백과. 둘레길. https://ko.wikipedia.org/wiki
위키피디아. 한국의 초가집. https://ko.wikipedia.org/wiki

CHAPTER 01-3회기. 황금연못

https://product.kyobobook.co.kr/detail/S000211613672, 교보문고『시니어트렌드 2024』
https://food.daily.co.kr/tip31272093#foodback, 만들기쉬운 핑거푸드 종류와 레시피
https://news.zum.com/articles/49451265, 세계 여러나라의 행복 수명
https://www.100ssd.co.kr/news/articleView.html?idxno=21608,백세시대, 인생 80세 시대와 100세 시대의 차이점
https://www.youtube.com/watch?v=17aVHssQR5k, YTN 사이언스 잡초의 재발견
https://www.youtube.com/watch?v=4h-bFIokNew, JTBC Life 다큐초이스, 아저씨즈
https://www.youtube.com/watch?v=oXWyKmRyTpo, YTN 사이언스 잡초를 샐러드 재료로
https://www.youtube.com/watch?v=qTPgBVDWchE, EBS 컬렉션 사이언스, 오염된 땅을 회복시키는 잡초
https://youtu.be/5fO1D_Yj6l0, 내츄럴팟 테라리움 DIY키트

CHAPTER 01-4회기. 제3의 공간: 아지트

https://bravo.etoday.co.kr/view/atc_view/9644, 브라보 마이 라이프 당신에게 아지트란?
https://www.youtube.com/watch?v=IjeIEw6WoK8, EBS, 한국기행-집 밖의 탈출기5부 온기를 품은 길
https://www.youtube.com/watch?v=LjrBAM_b2vg, 사피엔스 스튜디오 김정운의 마이스페이스
차미숙(2024). 지방소멸, 왜 문제인가? 어떻게 대응해야 하나?, **월간복지동향**, **제304호**, 5-10
http://www.chungnamilbo.co.kr 충남일보. 세종시 미래마을

CHAPTER 02-1회기. 자연주의 코디네이션

https://chatgpt.com, 쑥의 효능

https://www.youtube.com/watch?v=BoX0N94fZKc, 시선뉴스 지식의 창 타샤 튜터 이야기
https://www.youtube.com/watch?v=IWpBGln6bNk, 리틀포레스트 예고편
https://www.youtube.com/watch?v=usr_vb23vD0, 숲속의 쉼터
나무위키, 쑥, https://namu.wiki
https://www.jadam.kr/news/articleView.html?idxno=7368, 자담, 산야초이야기
만개의 레시피 https://www.10000recipe.com/recipe/4733192], 쑥 카스테라
만개의 레시피 https://www.10000recipe.com/recipe/6965651, 쑥 라떼
만개의 레시피 https://www.10000recipe.com/recipe/6845735, 쑥국
만개의 레시피 https://www.10000recipe.com/recipe/6888081, 쑥개떡

CHAPTER 02-2회기. 꽃피는 섬마을

https://www.youtube.com/watch?v=315makJEm6k, 한국기행, 그곳에서 한 달만
https://www.youtube.com/watch?v=hfRcfdUAmzM, 김소형채널H
https://www.youtube.com/watch?v=6ZcQtZYXm50, KBS여행 걸어서 세계속으로, 섬여행
https://www.youtube.com/watch?v=OJTR5vFgXs, TV조선 미스터트롯 섬마을 선생님
https://www.youtube.com/watch?v=v8lrQQ9zyvk, MBC TV 예술무대, 리처드용재 섬집 아기

CHAPTER 02-3회기. 커피 정원

https://chatgpt.com, 부정적, 긍정적 인식 개선
https://m.health.chosun.com/svc/news_view.html?contid=2023060801871, 헬스조선, 이 생각 주로 하는 사람 남들보다 오래 산다
https://www.youtube.com/watch?v=c55nF8EefxE, KBS교양 무엇이든 물어보세요 커피의 주요성분과 효능
https://www.youtube.com/watch?v=frMKJ-g_cSI, YTN2 밀덕스, 우리나라커피의 역사
https://v.daum.net/v/20231014070035842, 중앙일보, 내 마음의 '코어 근육'을 키우는 아주 구체적인 방법

CHAPTER 02-4회기. 가을 소풍

https://korean.visitkorea.or.kr/main/main.do, 대한민국 구석구석
https://www.youtube.com/shorts/oo5mkK7DVRI, 오늘의 브런치
https://www.youtube.com/watch?v=_v_jt6dXrO0, TVCHOSUN MUSIC, 10월의 어느 멋진 날에
https://www.youtube.com/watch?v=XxCoUpPMHQc, 조승연의 탐구생활 뇌과학자가 말하는 행복의 3가지 조건
https://www.youtube.com/watch?v=vwMDBXsC4h4, KBS레전드케이팝, 불후의 명곡
위키백과, 행복, https://ko.wikipedia.org/wiki
https://www.joongang.co.kr/article/25182188 중앙일보, 韓성인 행복지수 6.68점.나이 들어갈수록 낮아지는 이유

CHAPTER 03-1회기. 정겨운 이웃사촌

http://www.thekorea.kr/bbs/board.php?bo_table=news&wr_id=176718, 더코리아 관악구 행복한 1인 가구를 위한 다양한 프로그램 눈길

https://chatgpt.com, 사회 관계망 형성

https://chatgpt.com, 미래사회 관계망 형성

https://v.daum.net/v/20201120105005062, [시네마 데이트] 담벼락을 넘나드는 따스한 온기 '이웃사촌'

https://v.daum.net/v/20240404061016407, 아시아경제, 가장 좋은 복지는 이웃, 커뮤니티

https://www.youtube.com/watch?v=CcQZi63IG4w, 2019 안녕 캠페인

CHAPTER 03-2회기. 동백꽃 필 무렵

https://www.youtube.com/watch?v=ni9ezLQKuM0, 비움과채움 오관진

https://www.youtube.com/watch?v=osa2-S2VFKI, 꽃과 그림 그리고 차 한잔

https://www.youtube.com/watch?v=RglfvJzKMVE, EBSCulture 창의력을 키우는 프랑스미술교육

위키백과, 창의성, https://ko.wikipedia.org/wiki

CHAPTER 03-3회기. 푸드 콘텐츠

https://blog.naver.com/keverei1/220254523906, 꽃 만다라

https://chatgpt.com, 푸드콘텐츠

https://www.ibulgyo.com/news/articleView.html?idxno=212234, 과일 만다라

https://www.istockphoto.com/kr/%EC%82%AC%EC%A7%84, 씨앗만다라

https://www.ksea.co.kr/m/board/detail.html?id=gallery1&no=820, 과자 만다라

https://www.shutterstock.com/ko/image-generated/israel-independence-day-vegetables-2460816983, 채소 만다라

https://www.shutterstock.com/ko/image-photo/mandala-shapded-mix-dried-fruits-nuts-788216959, 말린 과일 견과류 만다라

https://www.yna.co.kr/view/AKR20241018088000063, 연합뉴스, 석류

https://www.youtube.com/@lemontree1023, 푸드스토리

https://www.youtube.com/shorts/B7sm_j89dGY, 오늘의 브런치 실내편

https://www.youtube.com/shorts/Q0mcnL0vvgg, 오늘의 브런치 실외편

https://www.youtube.com/watch?v=C2MNjMpxONs, KBS 레전드케이팝 별헤는 밤, 고우림

https://www.youtube.com/watch?v=JbT31Vmvat0, 디즈니 단편 크리스마스 기념 영상

https://www.youtube.com/watch?v=zeTKlfzonPk, 국립한글박물관 하늘의 별이 된 시인윤동주

https://www.youtube.com/watch?v=Xq1mcqlcXGk&t=2s, BTN News, 분별심 내려놓는 마음챙김 만다라

https://www.youtube.com/watch?v=XwveyquuzA0, 외교부 2015 크리스마스 영상

CHAPTER 03–4회기. 꽃길만 걸어요

https://chatgpt.com, 다양한 분야 미래 모습 추측하기

https://www.sisajournal.com/news/articleView.html?idxno=97778, 시사저널, 인간관계가 좋을수록 장수한다

https://www.youtube.com/watch?v=jqu-175YUHA, 한글도서관 TED [로버트 월딩어] 어떻게 하면 좋은 삶을 살 수 있을까?

https://www.youtube.com/watch?v=M1LYoziIO9w, 아시아투데이 김덕영의 '뒤늦게 발동걸린 인생들의 이야기'

저자 소개

이정연(Lee Jung Yeon)

서울대학교 가정대학 졸업

서울대학교 대학원 가족관계 전공

경희대학교 대학원 가족상담 전공

전 국립목포대학교 아동학과 교수

　한국상담학회 부부가족상담학회 제7대 회장

현 한국푸드아트테라피학회 회장

　㈜친친가족문화연구소 소장

〈주요 저역서 및 자격증〉

저서: 푸드아트테라피(신정, 2006)

　　푸드아트테라피 워크북(젊은 느티나무, 2018)

　　아이와 함께하는 바다사랑이야기(민속원, 2019)

역서: 부부상담과 치료(시그마프레스, 2010)

자격증: 푸드예술심리상담사 수련감독(한국푸드아트테라피학회)

　　　수련감독급 전문상담사(한국상담학회)

오유미(O Yumi)

숙명여자대학교 교육대학원 가정교육 전공

전북대학교 교육학과 교육심리전공 박사 수료

전 전북 초 · 중 · 고등학교 식품위생직

　전북 초 · 중 · 고등학교 영양교사

현 전북특별자치도교육청 장학사

조수진(Cho Sujin)

군산대학교 교육대학원 영양교육 전공

전 전북 초 · 중 · 고등학교 식품위생직

현 당북초등학교 영양교사

〈오유미, 조수진 공저서〉

도담도담 영양교육(식생활지도서, 전북특별자치도교육청, 2014)

멸치랑 친구할래?(수산물 편식개선 영양수업 자료집)(전북특별자치도교육청, 2020)

푸드아트테라피를 활용한 진로 · 인성교육 내 꿈을 펼쳐라(전북특별자치도교육청, 2024)

성인 학습자를 위한
푸드아트테라피 워크북
Food Art Therapy Workbook for Adult Learners

2025년 6월 25일 1판 1쇄 인쇄
2025년 6월 30일 1판 1쇄 발행

지은이 • 이정연 · 오유미 · 조수진
펴낸이 • 김진환
펴낸곳 • ㈜학지사
04031 서울특별시 마포구 양화로 15길 20 마인드월드빌딩
대표전화 • 02-330-5114 팩스 • 02-324-2345
등록번호 • 제313-2006-000265호

홈페이지 • http://www.hakjisa.co.kr
인스타그램 • https://www.instagram.com/hakjisabook

ISBN 978-89-997-3446-5 93180

정가 25,000원